MIX
Papier aus verantwortungsvollen Quellen
Paper from responsible sources
FSC® C105338

Kevin Niehaus

Schulische Mehrsprachigkeitsförderung in Schweden und Deutschland

Sprachbildungsmaßnahmen zwischen Zweitsprache und Herkunftssprache

Diplomica Verlag GmbH

Niehaus, Kevin: Schulische Mehrsprachigkeitsförderung in Schweden und Deutschland: Sprachbildungsmaßnahmen zwischen Zweitsprache und Herkunftssprache. Hamburg, Diplomica Verlag GmbH 2013

Buch-ISBN: 978-3-8428-9848-6
PDF-eBook-ISBN: 978-3-8428-4848-1
Druck/Herstellung: Diplomica® Verlag GmbH, Hamburg, 2013

Bibliografische Information der Deutschen Nationalbibliothek:
Die Deutsche Nationalbibliothek verzeichnet diese Publikation in der Deutschen Nationalbibliografie; detaillierte bibliografische Daten sind im Internet über http://dnb.d-nb.de abrufbar.

Hermannstal 119k, 22119 Hamburg
http://www.diplomica-verlag.de, Hamburg 2013
Printed in Germany

Inhaltsverzeichnis

„Mehrsprachigkeit ist heute die Grundlage für soziale Integration, für wirtschaftliche Erfolge in einer globalisierten Welt, für das friedliche Zusammenleben der Völker und damit für die Zukunftsfähigkeit einer Gesellschaft.“[1]

1. Einleitung

In Anbetracht der Dikussion um Sprachförderung sowie Sprachförderungsmaßnahmen, die zum einen durch die PISA-Studie ins Bewusstsein der breiten Öffentlichkeit gerückt wurden sowie der in den letzten Jahren intensivierten Forschung und den daraus resultierenden Förderprogrammen, scheint vor allem die Bedeutung der Zweitsprache bei Kindern mit Migrationshintergrund ein fortlaufend aktuelles Thema zu sein.
Aufgrund von Globalisierungsprozessen, neuen technologischen Entwicklungen, als auch durch die Erweiterung der Europäischen Union und stetigen Migrationsbewegungen, leben wir zunehmend in einer durch Sprachenvielfalt gekennzeichneten Welt. Infolge des ständigen Wandels entsteht zunehmender Kontakt zu Menschen anderer Sprache. Trotz hoher Migrationsbewegungen existieren bis heute Probleme, die zum Teil nur schwer überwindbare Hürden für viele Migranten darstellen. Unterschiedliche Sprachen, Herkünfte und den damit zusammenhängenden Weltanschauungen können Verunsicherung auslösen, da viele gesellschaftliche Bereiche auf den großen Zuzug von Menschen nicht vorbereitet waren und sind.
Gerade Deutschland hat die sprachlichen Defizite bei Migrantenkindern der zweiten bzw. dritten Generation nicht rechtzeitig erkannt. Wie das oben angeführte Zitat bereits verallgemeinert, ist ein angemessener Sprachgebrauch unmittelbar mit der gesellschaftlichen Stellung verbunden und stellt somit eine Grundvoraussetzung für ein erfolgreiches und selbstbestimmtes Leben dar. Durch die stetig steigende Bedeutung der Zweisprachigkeit, müssen vor allem Kinder mit Migrationshintergrund Unterstützung im Zweitspracherwerb erhalten. Nur so lässt sich eine kulturelle unabhängige Gleichstellung zu monolingualen Kindern ermöglichen.
Auch in der bildungspolitischen Diskussion um Gründe fehlender Chancengleichheit werden sprachliche Probleme als erstes herangezogen, um Bil-

---

[1] Baisnki/Krüger-Portratz (2008: 8)

dungsbenachteiligung zu begründen.[2] Doch trotz vieler sprachlicher Fördermaßnahmen sowie schulischen Reformierungen, sieht sich Detschland weiterhin mit diesen Herausforderungen konfrontiert.
Vergleicht man die Situation Deutschlands mit anderen europäischen Nachbarländern, so zeigt sich, dass auch der ehemals skandinavische Vorreiter Schweden mit Problemen im Bildungsbereich zu kämpfen hat. Trotz des in der PISA-Studie aufgezeigten Abrutschens ins internationale Mittelfeld[3], war und ist Schweden weiterhin aufgrund seiner integrations- und bildungspolitischen Ausrichtung, vor allem im Bereich der Sprachförderung sowie bei der Diskussion um bildungspolitische Belange, ein wichtiger Referenzpunkt. Da sich Deutschland und Schweden gesellschaftlich in vielerlei Hinsicht ähneln, bietet sich ein Vergleich beider Länder an, um Gemeinsamkeiten sowie grundlegende Unterschiede aufzuzeigen.
Ziel dieser Untersuchung soll daher sein, die Konstitution und Ausrichtung des schwedischen und deutschen Schulwesens in Bezug auf Sprachbildungsmaßnahmen von zweisprachigen Kindern genauer zu betrachten, um zu klären, ob und inwieweit mögliche Impulse für die Verbesserung bzw. Reformierung des deutschen Bildungssystems vom schwedischen System ausgehen können.
Um die Sprachfördermaßnahmen beider Länder konstrativ vergleichen zu können, müssen vorab einige theoretische Grundlagen geschaffen werden, die die Verständnisgrundlage bilden. Dazu wird im ersten Kapitel genauer auf die Migrationsgeschichte Schwedens eingegangen, um neben allgemeinen Entwicklungstendenzen auch die damit zusammenhängende Integrationspolitik und deren Auswirkungen auf das Schulsystem zu betrachten. Daran knüpft eine grundlegende Darstellung des schwedischen Schulsystems an, die zum einen den institutionellen Rahmen der Sprachbildungsmaßnahmen bildet, als auch schulsystemisch einen Beitrag zur Integration und Förderung von zweisprachigen Schülerinnen und Schüler leistet.
Bevor es dann im fünften Kapitel um den Vergleich der Sprachbildungsmaßnahmen geht, werden im vierten Kapitel sprachwissenschaftliche Grundlagen

---

[2] die Gründe für Bildungsbenachteiligung sind mehrschichtig verwoben. Neben sprachlichen Ursachen, lassen sich ebenso sozial-gesellschaftliche als auch soziokulturelle Ursachen anführen. Diese sollen jedoch zugunsten der sprachlichen Perspektive dieser Studie vernachlässigt werden (trotz allem wird notwendigerweise zwischenzeitliche Referenz auf diese Bereiche genommen)

[3] OECD (2010)

dargelegt, um die Bedeutung der Zweisprachigkeit auch aus linguistischer Perspektive zu betrachten und die Sprachbildungsmaßnahmen zu begründen. Als einen weiteren Punkt sollen die Ergebnisse der mit zwei schwedischen Lehramtsstudierenden durchgeführten Interviews vorgestellt und resümiert werden. Das dadurch entstandene Meinungsbild soll helfen, die Ergebnisse dieser Untersuchung besser einschätzen zu können, als auch eine exemplarische Einschätzung aus schwedischer Seite miteinfließen zu lassen. Um die Betrachtung aus allen Blickwinkeln sicherzustellen, wird im Rahmen dieser Arbeit neben deutschsprachiger auch englisch- sowie schwedischsprachige Fachliteratur rezipiert.

2. Migration und Einwanderung in Schweden

2.1 Migrationsentwicklung im Überblick

Bevor es um die Darstellung der schwedischen Migrationsentwicklung im historischen Verlauf geht, muss vorab geklärt werden, was genau unter dem Migrationsbegriff verstanden wird. Schlägt man diesen Begriff nach, so lassen sich unterschiedlichste Formulierungen finden. Trotz verschiedenster Ausführungen ist allen Definitionen gemeinsam, dass unter Migration die Wanderung von Individuen bzw. Gruppen im geographischen oder sozialen Raum innerhalb oder zwischen Ländern[4] verstanden werden kann. Dies führt zu der Schlussfolgerung, dass der Begriff der Migration sowohl die Einwanderung (Immigration) als auch die Auswanderung (Emigration) in ein Land umfasst. Somit stellt jeder Einwanderer auch gleichzeitig einen Auswanderer dar. Das *Migrationsverket*[5] verwendet den Begriff der Migration realtiv universell, d.h. neben der Verwendung für erzwungene Wanderungen oder Übersiedlungen (Vertreibung bzw. Flucht), wird auch im Kontext von Umzügen oder aber bei freiwilligen Wanderungen (bspw. aus arbeits- oder familiären Gründen) von Migration gesprochen. Im Folgenden sollen die vier wichtigsten Phasen der schwedischen Migration in ihren Grundzügen dargestellt werden.

---

[4] vgl. Scholze-Stubenrecht/Drosdowski/Köster et al. (1982: 491)

[5] die schwedische Migrationsbehörde (Einwanderungs- und Asylbehörde, zuständig für Regelungen der Zuwanderung)

2.1.1 Vom Auswanderungs- zum Einwanderungsland

Wie Grafik 1 des Anhangs bereits erkennen lässt, stellt Schweden seit dem späten 19. und Anfang des 20. Jahrhunderts mitunter einen Hauptausgangspunkt transnationaler Migration dar.[6] Ein halbes Jahrhundert (1865-1925) war Schweden vor allem durch starke Emigration geprägt und stellte somit eher ein Auswanderungsland dar.[7] Gründe der hohen Auswanderungsbewegungen waren unter anderem Armut, fehlende Zukunftsperspektiven aber auch politische Restriktionen. Die im Vergleich zu Deutschland erst spät einsetzende Industrialisierung[8] Schwedens und der starke Bevölkerungszuwachs im 19. Jahrhundert, welcher sich vor allem in den ländlichen Regionen vollzog[9], führte unumgänglich zu einer erhöhten Anzahl an Landlosen. Ein weiterer Effekt des Bevölkerungsanstiegs bezog sich auf den Arbeits- und Wohnungsmarkt. Dieser befand sich mehr und mehr in einem Ungleichgewicht, welches sich durch eine erhöhte Nachfrage bei gleichzeitig konstant bleibendem Angebot deutlich machte. Die Situation Schwedens stellte sich demnach insgesamt als äußerst schwierig dar. Dem gegenüber stand das Angebot Amerikas, das durch den *Homestead Act* [10] die Möglichkeit bot, Land zu relativ geringem Preis zu erwerben. Dies erschien der erhöhten Nachfrage der schwedischen Bevölkerung nachzukommen, so dass um 1880 regelrecht von einer Aufbruchstimmung der schwedischen Jugend gesprochen werden kann. Wie die Grafik zu Beginn des Kapitels zeigt, gab es ab 1880 zahlreiche Auswanderungswellen, welche ihren Höhepunkt in den Jahren 1881/1882 sowie 1887/1888 erreichten. Auch hier spielten wieder sozial-gesellschaftliche Faktoren eine Rolle, so dass durch die landwirtschaftliche Krise Schwedens das Angebot Nordamerikas zunehmend attraktiver wurde. In der zweiten Hälfte des 19. Jahrhunderts emigrierten durchschnittlich 20% der geborenen Männer und 19% der Frauen nach Amerika. Auch nach dem ersten Weltkrieg setzte sich die Auswanderung, jedoch auf niedrigerem Niveau, fort.

---

[6] vgl. Bade, K.-J. (2002: 69)

[7] http://www.scb.se/Pages/PressArchive____259760.aspx?PressReleaseID=117039

[8] vgl. Bade, K.-J. (2002: 61f.)

[9] vgl. Bade, K.-J. (2002: 72)

[10] das „Heimatstättengesetz" von 1862

Nachdem sich die Lebensbedingungen in Schweden durch die voranschreitende Industrialisierung verbesserten, wurde die Attraktivität Nordamerikas auch durch den Börsencrash zu dieser Zeit geringer. Ungeachtet dessen muss angemerkt werden, dass die bis dahin in Schweden verbliebenen Bürger von der hohen Auswanderung ihrer Mitmenschen vorerst profitierten. Dies liegt vor allem an den sich dadurch verbesserten Lebensbedingungen (weniger Menschen bedeutet mehr Land und Arbeitsstelle zur Verfügung).[11]
Der zweite Weltkrieg veränderte die Situation Schwedens ungemein. In Bezug auf die Migration hat sich das Land seitdem vom Auswanderungsland zum Einwanderungsland entwickelt. Nilsson führt in seiner Darstellung dazu aus, dass Schweden seit 1930 eine größere Ein- als Auswanderungsrate besitzt.[12] Trotz der Größe der Immigration von 2,4 Millionen Menschen stehen dieser im Vergleich noch die 1,4 Millionen Emmigranten nach dem zweiten Weltkrieg gegenüber. Aufgrund der intransparenten Landesstatistiken, kann die Größe der im Ausland lebenden Schweden laut des statistischen Zentralbüros auf rund 300.000 nur geschätzt werden.

2.1.2 Einwanderung vor und während des zweiten Weltkriegs

Der starke Einfluss der deutschen Wirtschaft auf die Einwanderung Schwedens zeigte sich bereits seit dem 13. Jahrhundert. Durch die Vereinigung einiger Handelsstädte (die deutsche Hansa) im Rahmen des Ostseehandels, folgte eine größere Immigration der so genannten Hansadeutschen in den Großraum Schwedens, welche somit als erster zielbewusster Zuzug von Ausländern betrachtet werden konnte und unter anderem auch zu Sprachmischungen beider Sprachen führte.[13] Seit dem 16. Jahrhundert wandelte sich die Einwanderungsstruktur in ihrer Zusammensetzung und wurde zunehmend durch Immigranten anderer Länder bestimmt.[14] Die zu dieser Zeit ebenfalls zugezogenen schwedisch als auch finnisch sprechenden Finnen wurden dabei nicht als Ausländer

---

[11] vgl. Nilsson, Å (2004: 14f.)

[12] vgl. Nillson, Å (2004: 49)

[13] vgl. Svanberg/Tydén (1992: 28, 42f., 52)

[14] darunter fielen neben Schotten auch Niederländer sowie Kriegsgefangene aus Russland und Polen

angesehen.[15] Das 17. und 18. Jahrhundert wird in der Literatur oftmals als kosmopolitische Epoche der schwedischen Großmacht bezeichnet. Dies liegt vor allem an dem damaligen Anwerben von ausländischen Studenten und Wissenschaftlern, so dass die sozial-kulturelle aber auch die wirtschaftliche Elite des Landes internationale Merkmale aufwies.[16] Trotzdem zeigte sich eine doch eher homogene Bevölkerungsstruktur bis weit ins 18. Jahrhundert hinein.[17]

Das 19. Jahrhundert war vor allem durch die sukzessive Entwicklung des schwedischen Nationalstaats geprägt. Diese Entwicklung führte zunehmend zu einer stärkeren Integration, die mitunter an die Suche nach der schwedischen Identität gekoppelt war. Die historischen Ereignisse des 19. Jahrhunderts.[18] haben die Migrationsströme nach Schweden konstituiert.[19] Die stetig fortschreitende Industrialisierung des Landes sowie die wirtschaftliche Liberalisierung erleichterten seit 1860 die Einreise ins Land. Zum Aufbau der schwedischen Industrie wurden vor allem Ingenieure und anderes hochausgebildetes Fachpersonal aus Großbritannien und Italien angeworben. Die Arbeiterschaft bestand jedoch zu größten Teilen aus der schwedischen Bevölkerung.[20] Vergleicht man die Darstellung und Beschreibung der Einwanderung Schwedens mit den Zahlen der Statistiken, so zeigt sich, dass die Einwanderung allein zahlenmäßig eher dünn besiedelt war. Dies zeigte die vom Statistischen Zentralbüro durchgeführte Volkszählung im Jahr 1910. In der Auswertung wurde davon gesprochen, dass Schweden im europäischen Vergleich zu dieser Zeit mitunter die niedrigste Anzahl an Einwanderern bzw. Fremden aufgenommen hat. Auf der Suche nach möglichen Erkläerungen wurde oftmals die geografisch abgeschiedene Lage genannt.[21]

Die Zeit während des zweiten Weltkriegs stellte für Schweden eine Umbruchsituation dar. Das Land entfernte sich von seiner noch zu Beginn des Krieges

---

[15] vgl. Svanberg/Tydén (1992: 54ff.)

[16] vgl. Svanberg/Tydén (1992: 71, 118ff.)

[17] vgl. Svanberg/Tydén (1992: 71f.)

[18] bspw. führte die Eroberung Finnlands durch Russland im Jahr 1809 zu einer großen Einwanderungswelle von finnischen Flüchtlingen

[19] vgl. Svanberg/Tydén (1992: 194ff.)

[20] vgl. Svanberg/Tydén (1992: 216ff.)

[21] vgl. Svanberg/Tydén (1992: 245ff.)

postulierten Neutralität gegenüber Deutschland und versuchte sich zunehmen zu öffnen. Dazu gehörte die Aufnahme von Flüchtlingen der umgebenden skandinavischen sowie baltischen Länder. Da sich Schweden 1939-1945 nicht selbst im Krieg befand, wollte das Land allmählich die alte Sympathie bei den westlichen Großmächten wiederherstellen. Somit wuchs die norwegische Flüchtlingsgemeinschaft bis zum Ende des Krieges auf 40.000 Menschen an. Weiterhin konnten im Jahr 1944 ebenfalls 25.000 Esten in Schweden Schutz finden, wobei sich auch hier vermutlich die gleiche Intention der *Wiedergutmachung* verbarg.[22] Die bereits angesprochenen Flüchtlinge aus den umgebenden nordischen Ländern blieben nur temporär während der Kriegsjahre 1940-1945 in Schweden und fanden kurz nach Kriegsende in ihre Heimatländer zurück. Da diese Flüchtlinge nie offiziell in Schweden gemeldet waren, zeigen auch die amtlichen Statistiken keine Eintragungen zu diesen auf. Anders sieht es dagegen bei der *traditionellen* Migration aus, die bereits kurz nach dem Krieg zwischen den skandinavischen und baltischen Ländern begann, so dass viele in Schweden gebliebene baltische Flüchtlinge als Immigranten später amtlich aufgenommen wurden. Auchdie Immigrationsbewegungen aus Deutschland sowie Polen nahmen nach den Kriegsjahren zu, da in Schweden zu dieser Zeit eine hohe unbefriedigte Nachfrage nach ausgebildeten Fachkräften bestand.[23]

2.1.3 Einwanderung ab 1945

Wie bereits im vorherigen Unterkapitel aufgezeigt, gab es in Schweden nach dem zweiten Weltkrieg einen starken Mangel an fachlich gut ausgebildeten Arbeitskräften, der letztlich auf die hohe Zahl der Auswanderer zurückgeführt werden kann. Währenddessen in den 1950er Jahren Zuwanderer aus den benachbarten skandinavischen Ländern den größten Teil der Immigranten ausmachten, waren es in den 1960er Jahren vor allem angeworbene Arbeitskräfte aus Jugoslawien, Griechenland und der Türkei.[24]

---

[22] Runblom, H. (1998)

[23] Nillson, Å. (2004: 16ff.)

[24] vgl. Currle/Neske (2004: 196f.); vgl. Ring (2001: 75)

Den in den 1960er Jahren gestiegenen Immigrantenzahlen[25] folgte

> „ein weiterer Höhepunkt [...] zwischen 1968 und 1970, als insgesamt 166.000 Ausländer [...] nach Schweden kamen. Schwedens Anziehungskraft auf die anderen nordischen Länder wurde dabei durch die erfolgreiche wirtschaftliche Entwicklung, annähernder Vollbeschäftigung und die Existenz eines starken Sozialstaates gefördert."[26]

In den 1980er Jahren erfolgte dann erstmals in Schweden ein Anwerberstopp von Facharbeitern. In den folgenden Jahren veränderte such die Zusammensetzung der Neuzuwanderungen in Schweden. Diese bestanen zum größten Teil aus nachkommenden Familienangehörigen der angeworbenen „Gastarbeiter".[27] Auch in Deutschland ließ sich eine vergleichbare Entwicklung beobachten. Nach der Zuwanderung von Flüchtlingen und Vertriebenen nach dem zweiten Weltkrieg, bei denen es sich meistens um Flüchtlinge aus den deutschen Ostgebieten sowie Kriegsgefangenen handelte[28], stand für Deutschland während der 1960/70er Jahre ebenfalls die Anwerbung und Zuwanderung von Arbeitsmigranten im Vordergrund. Dazu wurden verschiedene Anwerberverträge geschlossen[29], die bis zum Anwerberstopp 1973 bestanden.[30] Die veränderte Zusammensetzungsstruktur der neuen Migranten in Deutschland zeichnete sich neben Familiennachzügen (wie in Schweden) auch durch eine erhöhte Zuwanderungsrate aus osteuropäischen Ländern aus, die durch den Wegfall der Ausreisebeschränkung der ehemaligen *Ostblockstaaten* ermöglicht wurde.[31] Die schwedische *Einwanderungspolitik* wurde in den 1960er Jahren in *Integrationspolitik* umbenannt. Es zeigte sich also schon relativ früh, dass Schweden das Ziel verfolgt, die Immigranten möglichst schnell in die schwedische Gesellschaft einzugliedern. Ein Grund war mitunter, dass die Immigranten sich selbst über eine längere Zeit als separierte ethnische Gruppe betrachteten. Dies hat sich im Laufe der Jahrzehnte gelegt, so dass diese außer bestimmte Nachna-

---

[25] vgl. dazu Grafik 1 (Anhang)

[26] Currle/Neske (2004: 197)

[27] vgl. Currle/Neske (2004: 199); vgl. Ring (2001: 75)

[28] vgl. Currle/Rühl (2004: 18f.)

[29] Italien (1955), Griechenland und Spanien (1960), Türkei (1961), Marokko (1963), Portugal (1964), Tunesien (1965) und Jugoslawien (1968)

[30] vgl. Currle/Rühl (2004: 19f.)

[31] vgl. ebd.

men (bspw. Geer, Dubois etc.) keine ethnischen Merkmale mehr aufweisen und in der Mehrheitsgesellschaft völlig integriert sind.[32] Ab 1975 gab es einen wesentlichen Kurswechsel innerhalb der Einwanderungspolitik Schwedens. Der Migrationshintergrund sowie die Herkunft der Einwanderer wurde im Folgenden stärker betrachtet und berücksichtigt. Der bis dato existierenden „Minderheitsbevölkerung" sollten durch integrative Maßnahmen[33] letztlich die gleichen Rechte wie der schwedischen Mehrheitsbevölkerung zugeschrieben werden.[34] Zusammenfassend lässt sich der politische Kurswechsel mit den drei Zielen: „Gleichberechtigung, Wahlfreiheit und Partnerschaft"[35] beschreiben. Einwanderern wird damit das Recht zugesprochen, ihre eigene Kultur frei zu wählen und auszuleben, solange sie mit der schwedischen Bevölkerung kooperieren.[36]
Wie die vorausgegangenen Ausführungen zur Entwicklung der Einwanderung in Schweden angedeutet haben, kennzeichnet sich das Land durch eine sehr liberale Asyl- und Flüchtlingspolitik. Neben den Bestimmungen der Genfer Flüchtlingskonvention, zeigt sich die besonders liberale Einstellung Schwedens auch in dem Erlass des schwedischen Reichtages von 1950, der neben dem Asylbegehren auch eine jährliche Flüchtlingsquote konstatiert.[37] Im Gegensatz zu Deutschland (2005) hat Schweden bereits 1995 ein Integrationsprogramm für zukünftige Immigranten verabschiedet. Zwar erkannte man in Deutschland, dass die bis dahin als ‚Gastarbeiter' betrachteten Migranten sich selbst als ‚Einwanderer' verstanden und „somit die Rückkehr in ihr Heimatland aus verschiedenen Gründen nicht in Betracht kam"[38], jedoch verlief die Entwicklung erster Integrationskonzepte zum Ende der 1970er Jahre eher langsam und aufgrund der Zerstreutheit der Integrationsdebatten ohne wirklich aussagekräftige Resonanz. Es bleibt fraglich, wieso Deutschland erst im Jahr 2005 neue Integrationsansätze- bzw. Konzepte verfolgt hat, obwohl zu diesem Zeitpunkt bereits

---

[32] vgl. Popoola (2002: 17ff.)

[33] bspw. Betrachtung der kulturellen Tätigkeit, das Einräumen bestimmter kommunaler Wahlrechte oder aber die Einführung des Herkunftssprachenunterrichts (auf den im Kapitel 5 eingegangen wird)

[34] vgl. Currle/Neske (2004: 198); vgl. Ring (2001: 79); vgl. Ring, H. (1999: 243f.)

[35] Ring, H. (2001: 79)

[36] vgl. Jederlund, L. (2004)

[37] vgl. Jederlund, L. (2004)

[38] Bade, K.-J. (2001)

insgesamt 8,9% der deutschen Gesamtbevölkerung (d.h. 7,3 Millionen Menschen) ausländische Wurzeln hatte.[39] Dies ist vor allem vor dem Hintergrund der schulischen Bildung, Integration zwei- oder mehrsprachiger Schülerinnen und Schüler sowie Differenzierung im Schulsystem zu beachten.

2.1.4 Die heutige Situation[40]

Um die heutige Situation Schwedens genauer beschreiben zu können, müssen die Entwicklungen seit den 1970er und 1980er Jahren betrachtet werden. In diesen beiden Jahrzehnten lag die Zahl der um Asyl bewerbenden Flüchtlinge zwischen 10.000 und 30.000 pro Jahr. Die in dem vorherigen Kapitel bereits angedeutete Ausdehnung der Aufnahme von Asylsuchenden und FLüchtlingen setzte sich in den Folgejahren fort, so dass ab 1990 bereits ca. 170.000 Asylbewerber aufgenommen wurden.[41] Diese Entwicklung hatten natürlich auch Einfluss auf die Wohn- und Arbeitssituation Schwedens, so dass sich die Wohnungsbeschaffung immer schwieriger gestaltete.[42] Ebenfalls wirkten sich die ansteigenden Zahlen auf die Integration und das AUsbildungssystem aus. Jederlund beschreibt, dass „viele Flüchtlinge [...] in den Vororten der Großstädte [landeten]. Dort setze gegen Ende der 80er Jahre auch die Segregation ein, die wir in der heutigen Gesellschaft erleben."[43] Wie die zu Beginn des Kapitels angeführte Grafik verdeutlicht, haben 16% der schwedischen Bevölkerung einen ausländischen Hintergrund. Das bedeutet, dass ein Siebtel entweder im Ausland geboren wurde oder zumindestens einen Elternteil hat, der im Ausland geboren wurde. Die Hauptgruppen innerhalb der Migrationsströme der letzten Jahre machen vor allem nachziehende Familienmitglieder im Sinne der Familienzusammenführung als auch Arbeitsmigranten aus[44] (vgl. Dazu Grafik 3 (Anhang) des *Migrationsverket*).

---

[39] vgl. Currle/Rühl (2004: 32)

[40] vgl. Dazu Grafik 2 (Anhang)

[41] vgl. Jederlund, L. (2004)

[42] für weitere Ausführungen zu ethnischen Segregation auf dem Wohnungsmarkt: vgl. Andersson-Brolin (1984: 180ff.); vgl. Justitiedepartementet, SOU (2005/56 300ff.)

[43] Jederlund, L. (2004)

[44] vgl. http;//focus-migration.hwwi.de/Schweden.6245.0.html

Generell ist zu sagen, dass heutzutage nur wenige Länder eine höhere Einwanderungsquote aufweisen als Schweden. Deutschland liegt wie die USA oder Österreich mit ca. 12% auf einem vergleichbaren Level wie Schweden. Lediglich die Schweiz oder Luxemburg weisen eine höhere Einwanderung auf. Grund dafür ist auch das aktive Anwerben von Einwanderern/innen.[45] In Deutschland liegt der Ausländeranteil im Gegensatz zu Schweden bei ca. 9% - also der Hälfte im Vergleich zu Schweden.[46] Eine Gemeinsamkeit zwischen Schweden und Deutschland besteht trotzdem in den starken Zuwanderungswellen der 1980er und 1990er Jahre. Die größte Migrantengruppe in Deutschland stellen dabei mit knapp einem Drittel Einwanderer aus der Türkei dar. Jedoch ist die Einwanderungsstruktur Deutschlands ebenfalls deutlich durch den Zugang von SPätaussiedlern[47] geprägt. Durch diesen Eintritt wird gleichzeitig deutlich, dass das Ausmaß der Migration in Deutschland nicht allein durch die

> „Zahl der in Deutschland lebenden Ausländern [...] ausreichend beschrieben ist. Zunehmend gerät daher der Begriff „Person mit Migrationshintergrund" in das Blickfeld des Interesses. Hierzu gehören sowohl Ausländer als auch deutsche Staatsangehörige, und zwar sowohl die direkt Zugewanderten (Spätaussiedler, eingebürgerte Ausländer), als auch die nicht direkt Zugewanderten, also die in Deutschland Geborenen (Kinder von Spätaussiedlern, Ausländern in 2. Und 3. Generation, in Deutschland geborene Ausländer, Kinder von Eingebürgerten, u.a.)."[48]

Es ist daher davon auszugehen, dass jede fünfte Person in Deutschland einen Migrationshintergrund hat.

Um die Fragestellung dieser Arbeit beantworten zu können, ist neben der Betrachtung der Zuwanderungsgrunde vor allem die weiterführende Darstellung der Herkunftsländer wichtig. Nur anhand dessen können mögliche Unterschiede zur deutschen Zuwanderung festgestellt werden, die wiederum den Schulerfolg auf sprachlicher Ebene beeinflussen können. Wie die dem Anhang beigefügte Tabelle 1 zeigt, sind es vor allem Zuwanderer aus anderen nordischen Ländern

---

[45] vgl. Nillson, Å. (2004: 80ff.)

[46] vgl. http://www.zuwanderung.de/ZUW/DE/Zuwanderung_hat_Geschichte/Statistik/Statistik_node.html

[47] „Personen deutscher Herkunft, die in den Nachfolgestaaten der ehemaligen Sowjetunion un in den anderen ehemaligen Ostblockstaaten leben" (http://www.zuwanderung.de/ZUW/DE/Zuwanderung_hat-Geschichte/Spaetaussiedler/Spaetaussiedler_node.html)

[48] vgl. ebd.

sowie dem Iran und Irak. Weitere Einwsnderungsgruppen kamen aus Ungarn, Griechenland, Estland, Großbritannien, Italien und Syrien. Insgesamt lassen sich 160 verschiedene Herkunftsländer ausfindig machen.[49] Die bisherige Einwanderung nach Schweden erreichte im Jahr 2008 ihren bisherigen Rekordwert von 101.171 immigrierten Personen. Die Herkunftsländer der größten Migrantengruppen um die Jahrtausendwende[50] blieben auch im Jahr 2008 laut des *Statistika Centralbyrå*[51] bestehen, so dass vor allem Staatsbürger aus dem Irak, anderer nordischer Nachbarländer sowie Polen zuwanderten.

Die größte Zuwanderungsgruppe in Deutschland[52] kommen dagegen aus der Türkei, Italien, Polen, Griechenland und Kroatien. Vor allem die türkisch stämmigen Personen machen mit einer Gemeinschaft von 1.658.083 PErsonen insgesamt 25% aller Ausländer in Deutschland aus.[53] Wird diesem Gedanken weiter nachgegangen, lässt dich feststellen, dass „etwa jeder fünfte in Deutschland leben Ausländer [...] bereits hier geboren [wurde] (1,5 Mio. Personen) und [...] somit zur so genannten zweiten oder dritten Migrantengeneration [gehört].“[54] Dabei geht die heutige Zahl der Migranten ohne deutsche Staatsbürgerschaft ebenfalls auf die in den 1960er und 1970er Jahren angeworbenen Gastarbeiter zurück.[55]

Insgesamt betrachtet kennzeichnet sich die Situation für Deutschland als auch Schweden ähnlich. Beide Länder sind seit der zweiten Hälfte des 20. Jahrhunderts Einwanderungsländer. Zwar unterscheiden sich die Einwanderungsgruppen hinsichtlich ihrer Herkunft, jedoch ändert dieser Fakt nichts an der Tatsache, dass sich beide Länder den gleichen bildungspolitischen sowie integrativen Herausforderungen stellen müssen.

---

[49] ebd.

[50] vgl. Tabelle 2 (Anhang)

[51] http://focus-migration.hwwi.de/Schweden.6245.0.html

[52] vgl. Tabelle 3 (Anhang)

[53] vgl. ebd.

[54] http://www.migration-asyl.de/public1/aufr/home.nsf/0573e93765407cfcc1256aab006ed6e7/cd73e96deac327b5c1256ff7002862f3!OpenDocument

[55] vgl. Mesghena, M (2006)

2.2 Kinder mit Migrationshintergrund an schwedischen Schulen

Wie die Migrationsbewegungen und Ausführungen der vorherigen Kapitel gezeigt haben, gibt es eine große Vielfalt an unterschiedlichen Kulturen und dementsprechend auch Sprachen, die auch für das Schulwesen relevant sind. An schwedischen Schulen gibt es um die 193 verschiedene Herkunftssprachen, so dass man sagen kann, dass insgesamt ca. ein sechstel der Schülerinnen und Schüler in Schweden aus Einwanderungs- oder Flüchtlingsfamilien stammen.[56] Um dieser sprachlichen Herausforderung gerecht zu werden, hat Schweden mit großen Anstrengungen sprachliche Fördermaßnahmen initiiert.

> „Jedes Kind, das einen Elternteil mit einer anderen Familiensprache als Schwedisch hat, hat ein Recht auf zwei Stunden hemspråk-Unterricht pro Woche (Unterricht in der Familiensprache, unabhängig von Staatsangehörigkeit oder Herkunft). [...] Der schwedische Staats trägt die Kosten für die Materialien und organisiert die Aus- und Weiterbildung der LehrerInnen. Für zehn Sprachen werden hemspråk-Klassen an schwedischen Schulen angeboten."[57]

Um den speziellen Bedürfnissen gerecht zu werden, hat diese Schülergruppe neben dem angebotenen *Hemspråk*-Unterricht (dem Unterricht in der Herkunftssprache) auch noch die Möglichkeit am *Schwedisch als Zweitsprache* Unterricht teilzunehmen.[58] Aufgrund des in der Vergangenheit aufgetretenen Rassismuses an manchen Schulen, verfolgt das schwedische Schulwesen konsequent die Grundprämisse, „dass alle Kinder und Jugendliche gleichen Zugang zu Ausbildung haben müssen; ungeachtet ihres ethnischen und sozialen Hintergrunds oder ihres Wohnorts."[59] Dies schlägt sich auch in der Lehrerausbildung nieder, die durch die Entwicklung zu Arbeitsteams einen großen Beitrag zur Entwicklung interkultureller Normen und Werte leisten.[60] In Deutschland haben Ausländer ebenfalls das Recht auf Bildung. Dies ist jedoch an die Aufenthaltsgenehmigung geknüpft, die das Anrecht auf Bildung bzw. Arbeit erst ermöglicht. Ausländische Schülerinnen und Schüler bzw. diese mit Zuwande-

---

[56] Beauftragte der Bundesregierung dür Ausländerfragen (2001: 36): Schweden

[57] ebd.

[58] vgl. dazu Kapitel 5 dieser Arbeit

[59] GGG-NRW (2003: 1)

[60] ebd.

rungsgeschichte sehen sich durch die Kopplung von Bildungserfolg und sozialer Schicht bzw. Herkunft zunehmend benachteiligt[61], welches eine ungenügende Förderung schlussfolgern lässt. Inwieweit dies auf die generelle Konstitution des Schulsystems zurückzuführen ist, soll anhand des kommenden Kapitels geprüft werden, indem, mit Schwerpunktsetzung auf dem schwedischen Schulsystem, beide Schulsysteme vergleichen werden.

2.3 Vergleich und Zusammenfassung

Die Entwicklungen der Migrationsgeschichte weisen für Schweden als auch Deutschland, trotz historischer und staatlicher Differenzen, große Ähnlichkeiten auf. Wie die Ausführungen gezeigt haben, wurde und wird jedoch mit der Einwanderungssituation unterschiedlich umgegangen. In Schweden wird bereits seit dem 1960er Jahren gezielt auf eine multikulturelle Gesellschaft mit gesellschaftlicher als auch politischer Partizipation seitens der Migranten im Sinner einer Integrationspolitik hingearbeitet.
Im Gegensatz dazu verfolgte Deutschland bis in die 1970er Jahre das Ziel der Rückführung von Einwanderern und bekannte sich erst recht spät zum Status eines Einwanderungslandes.[62] Dabei wirkt sich die Einwanderungspolitik eines Landes neben anderen gesellschaftlichen Bereichen auch auf das Schulwesen aus. Somit können Rückschlüsse aus der Stellung des Herkunftssprachenunterrichts im Schulwesen bzgl. der einwanderungspolitischen Situation eines Landes gezogen werden. Schweden scheint sich über die politische Richtung dieser beiden Bereiche schon festgelegt zu haben. Den Vorsprung in der Einwanderungs- bzw. Integrationspolitik hält Schweden bis heute. Trotz der im Vergleich zu Deutschland doppelten Anzahl an ausländischen Bürgern, besteht in Schweden das grundsätzliche Recht auf Bildung. Das bedeutet, dass die Aufenthaltsgenehmigung nicht wie in Deutschland das Recht auf Bildung bedingt. Weiterhin lässt sich feststellen, dass sich die Herkunftsländer der Migranten beider Länder zwar unterscheiden, jedoch beide Länder aufgrund der damit einhergehenden Sprachenvielfalt vor ähnliche Herausforderungen gestellt sind.

---

[61] vgl.
http://www.ufuq.de/newsblog/1080-bildungsbenachteiligung-von-kindern-mit-migrationshintergrund-

[62] vgl. Auernheimer, G. (2003: 26,31f.): Einführung in die Interkulturelle Pädagogik

Die Ausgangslage beider Länder zeichnet sich in Hinblick auf Sprachfördermaßnahmen in diesem Bereich als gleichwertig ab.

3. Das schwedische Schulsystem[63]

Schwedens historische Vergangenheit ist durch eine lange Periode des Friedens gekennzeichnet. Dadurch konnte sich Schweden wirtschaftlich als auch bildungspolitisch ungestört entwickeln. Auch durch die Enthaltsamkeit bzgl. der Kriegsbeteiligung im ersten und zweiten Weltkrieg, konnte die Aufmerksamkeit vor allem auf das Schulwesen gelegt werden. Trotz der langen *ungestörten* Situation Schwedens, wird das Land beginnend mit den großen Migrationsbewegungen im 19. Jahrhundert in beide Richtungen geprägt, welches das Schulsystem seither vor neue Herausforderungen stellt.[64] Seit der allgemeinen Schulpflicht 1842 haben daher einige Reform- und Innovationsphasen das Bildungssystem in seiner Struktur nachhaltig verändert. Es lassen sich zwei große Bereiche ausmachen, die durch den Bruch zu Beginn des 20. Jahrhunderts entstanden sind.

Währenddessen die Unterrichtsinhalte vor dem 20. Jahrhundert vor allem durch die christliche Religion sowie dem Erlenen von elementaren Grundfertigkeiten geprägt waren, wurde durch den Wendepunkt im 20. Jahrhundert die traditionelle Linie innerhalb der pädagogischen Ausrichtung der Schule zunehmen beanstandet und durch reformpädagogische Konzepte beeinflusst.[65] Das Resultat dieser Entwicklungen waren zum einen die Ausdehnung der Schulzeit an der Volksschule (*folkskolan*) und zum anderen die Etablierung der Einheitsschule. Durch diesen prägnanten Schritt stieg die Anzahl gut ausgebildeter Schulabsolventen zunehmend an und verursachte eine immer größer werdende „Bildungskluft" zwischen Erwachsenen und Schulabsolventen, der durch die „Reform zu kommunalen Erwachsenenbildung (komvux)" entgegengewirkt werden sollte und ein Nachholen von weiterführenden Bildungsabschlüssen ermöglicht.[66] Es

---

[63] aufgrund der Fokussierung dieser Arbeit auf den Sekundarbereich, wird im Folgenden die Entwicklung der Hochschul- und Erwachsenenbildung (vuxenskola) ausgelassen und auf weiterführende Literatur verwiesen (vgl. bspw. Werler/Claesson (2010: 657f.))

[64] vgl. Werler/Claesson (2010: 645)

[65] vgl. Werler/Claesson (2010: 645f.)

[66] vgl. Werler/Claesson (2010: 646)

zeigt sich also, dass bis dato wie auch in Deutschland ein gegliedertes Schulsystem bestand, das sich aus Volks- und Realschule sowie dem Gymnasium zusammensetzte.

Einen weiteren wichtigen Umbruch stellt die ungefähr zeitgleiche Urbanisierung des Landes dar, die mit der Industrialisierung Schwedens dieser Zeit zusammenhing. Durch das zunehmende Wachstum der Großstädte Stockholm, Göteburg und Malmö sahen sich kleinere Dörfer zunehmend benachteiligt. Hinzu kam eine fortschreitende, steigende Migration.[67] Diese Entwicklungen stellten die Bildungspolitik des Landes vor neue (auch kulturelle) Herausforderungen, die zum Teil durch die Ausweitung des Lehrpersonals angegangen wurden.[68] Letztlich führten diese Rahmenbedingungen sowie die wohlfahrtsstaatliche Identität Schwedens zu der Entwicklung eines sozialen Sicherungssystems, „das insbesondere die Entwicklung der Schule und Ausbildung betonte."[69] Die Ergebnisse zeigen sich wie folgt. Generell ist der Besuch staatlicher Schulen wie in Deutschland kostenfrei. Zudem werden im Pflichtschulbereich die Kosten zusätzlicher Dienste wie Bereitstellung von Lehrmitteln, Schulmahlzeiten oder der Schülertransport vom Staat übernommen. Die Förderung bei Lernschwierigkeiten durch Schülerassistenten, Nachhilfelehrer oder technische Hilfsmittel wird ebenfalls vom Staat getragen.[70] Lehrkräfte werden zusätzlich durch spezialisierte Erzieher unterstützt, so dass auch die Sonderpädagogik zu einem elementaren, schultypabhängigen Bestandteil der Leherausbildung in Schweden geworden ist.[71]

---

[67] vgl. Werler/Claesson (2010: 646f.)

[68] neben der quantitativen Ausweitung des Personals gehört ebenfalls die qualitative Ausbildung dazu, d.h. Eine Verlängerung der Ausbildungszeit/des Studiums der Lehrkräfte

[69] Werler/Claesson (2010: 647f.)

[70] vgl. ebd.

[71] vgl. Weler/Claesson (2010: 648)

3.1 Entwicklung zur Einheitsschule (enhetsskola)

Der Wendepunkt im 20. Jahrhundert und die Orientierung an reformpädagogischen Ansätzen führte zu einer grundlegenden Veränderung im schwedischen Schulwesen: Die Einführung der Einheitsschule. Bereits 1920 wurde die Volksschule durch schulische Reformen zur Grundschule, an die sich die Realschule bzw. Das Gymnasium als weiterführende Schule anschlossen.[72] Durch den ab 1946 umgesetzten „radikalen Umbau des schwedischen Schulwesens“[73] wurden mehrere, bis dahin parallel existierende Schulformen zusammengelegt. Diese Entwicklung mündete letzlich 1962 in der Einführung einer neunjährigen Einheitsschule, der *grundskola* (Grundschule). Die neue *grundskola* umfasste die Schultypen *folkskola* (Volksschule), *högre folkskola* (höhere Volksschule) und die *realskola* (Realschule). Weiterhin stieg die bis dahin siebenjährige Schulpflicht auf neuen Jahre und die Einheitsschule wurde in ganz Schweden etabliert. In den Folgejahren wurden weitere Reformen durchgeführt, so dass die *gymnasieskola* innerhalb der weiterführenden Schulen eingeführt wurde. Dies zeigt die kontinuierlich steigenden Tendenzen einer Vereinheitlichung des Schulwesens.[74] Die neue pädagogische Richtung führte letztlich zu einer Dialogpädagogik die vor allem „Demokratie und Gleichstellung im Klassenraum“ ermöglichen sollte.[75] Die Demokratisierung der Schule bezieht sich nach dieser Auffassung erst einmal auf die Herstellung von Chancengleichheit[76], die nicht nur als Theorie vermittelt, sondern auch gelebt werden soll.[77] Dieses Bildungsideal hat sich bis heute bewährt, so dass auch und gerade unter der hohen Einwanderung un den damit entstandenen Schwierigkeiten[78] an der Leitphrase „Eine Schule für alle“[79] festgehalten wurde.

---

[72] vgl. Möhler, J. (2008: 13f.)

[73] Werler/Claesson (2010: 646)

[74] vgl. Werler/Claesson (2010: 646)

[75] Werler/Claesson (2010: 647)

[76] vgl. Bierbaum, C. (1975: 50)

[77] vgl. Strothmann, C. (2005: 27)

[78] zur Benachteiligung und Segregation von Zugewanderten auf dem Arbeits- und Wohnungsmarkt vgl. Weiterführende Literatur von: Olsson, H. (1992: 94ff.); Justitiedepartementet (2005: 311ff., 326f.); Popoola, M. (2002: 10f., 32f., 47) sowie Andersson-Brolin, L. (1984: 189ff.)

[79] Werler/Claesson (2010: 648)

Hinter dieser Leitvorstellung steht die Idee der Bereitstellung eines Schulsystems, dass

> „allen Schülerinnen und Schülern gleichen Zugang und gleiche Lehr-Lernbedingungen bietet, ohne dass dies durch ihr Geschlecht, ihren geographischen Wohnort, ihre kulturelle Herkunft oder ihre sozialen und finanziellen Voraussetzungen beeinflusst ist [...]. Der Unterricht erfolgt mit dem Ziel, den Schülern WIssen und Fertigkeiten in Kooperation mit den Erziehenden zu vermitteln, um sie zu verantwortlichen Menschen und Mitgliedern der gemeinschaft zu erziehen. Besonders werden die Gleichstellung der Geschlechter und die Erziehung zur Vermeidung von rassistischem Verhalten betont."[80]

Es lässt sich also deutlich erkennen, mit welcher Bestimmtheit die schwedische Bildungspolitik gegen die strukturelle, kulturelle und soziale Segregation vorgeht sowie die Gleichstellung als „gesellschaftliche Richtlinie"[81] verfolgt und somit an ihrem wohlfahrtstaatlichen Ideal durch die Einheitsschule festhält. Dahinter steckt das Recht auf Bildung[82], dass alle in Schweden lebenden Personen erfasst und somit zu einer quantitativ vergleichbaren Schulausbildung in ganzem Land beiträgt.

3.2 Politische Steuerung und Verwaltung des Schulwesens

Die politische Steuerung des Schulwesens übernehmen in Schweden das Parlament (*riksdag*) sowie die Regierung. Diese tragen die nationale Verantwortung zur Ausrichtung der Ziele und Richtlinien auf schulischer Ebene. Dieses beinhaltet den Erlass des Schulgesetzes sowie Haushaltsbeschlüsse und allgemeine Richtlinien für das Schulwesen. Die Verantwortung des Schulwesens erfolgt dabei dezentriert über weitere Institutionen. Die oberste Kontrollinstanz des Schulwesens stellt dabei das *Utbildningsdepartement*[83] dar. Dem zugehörig sind die vom Ministerium ausgearbeiteten und bereitgestellten Beschlüsse *skollag*[84] sowie *der läroplan för det obligatoriska skolväsendet, förskoleklasse och*

---

[80] Werler/Claesson (2010: 648f.)

[81] Bierbaum, C. (1975: 29)

[82] vgl. Strothmann, C. (2005: 22f.); vgl. Im Original: Skolverket (1998): Läroplan (Lpo94)

[83] Bildungs- und Wrtschaftsministerium

[84] Erziehungsauftrag: http://www.riksdagen.se/webbnav/index.aspx?nid=3911&bet=2010:800 über http://www.skolverket.se/lagar_och_regler_/2.3351/2.2253

fritidshemmet[85], die als „Grundlage für alle Bildungs- und Erziehungsaktivitäten im Schulwesen" dienen.[86] Die Steuerung auf nationaler Ebene umfasst letztlich auch noch einen allgemeinen Lehrplan, der grundlegende Zielvorgaben der Schulen sowie Rahmencurricula vorgibt.[87] Aufgrund von Reformmaßnahmen und Dezentralisierungstendenzen, sind die einzelnen Kommunen die Träger der Schulen und haben daher viele Möglichkeiten den allgemein vorgegebenen Lehrplan individuell auszugestalten und Schwerpunkte in der Umsetzung zu legen.[88] Dabei müssen stets die national vorgegebenen Rahmenrichtlinien beachtet und zielgemäß umgesetzt werden.[89] Dazu werden von den einzelnen Kommunen Schulentwicklungspläne selbstständig erarbeitet, die als Basis für die Aufgabenumsetzung der Schule dienen. Diese Ausarbeitungen enthalten dabei die FInanzierung der Schule, die interne Organisationsstruktur, weitere zukünftige Entwicklungspläne sowie die Planung zur Durchführung der jährlichen schulischen Evaluationen.[90] Neben den staatlichen Bildungsausgaben sichert jede Kommune die Ausstattung der Schulen (Gebäude, Lernmittel, Lehrergehälter etc.) durch Mittel aus kommunalen Steuereinnahmen. Die Kommunen haben zudem die Möglichkeit direkt beim Staat weitere Zuschüsse zu beantragen, die für weitere zusätzliche Schuldienste (bspw. Nachmittagsbetreuung) sowie Fortbildungsmaßnahmen des Schulpersonals eingesetzt werden können.[91] Eine letzte wichtige Institution im schwedischen Bildungswesen stellt das im Jahr 1991 erschaffene *Skolverket* dar. Diese Institution dient der Steuerung und Kontrolle des Schulwesens und kann somit als oberste Verwaltungsbehörde zur Durchführung der vom Parlament und Regierung beschlossenen Gessetze und Richtlinien angesehen werden. Eine Grundaufgabe des *Skolverkets* ist es, alle Schulformen[92] in ihren Aufgaben zu begleiten und diese auszu-

---

85 *Lehrplan für die Pflichtschule, die Vorschulklasse und das Schulfreizeitzentrum*, zu finden unter: http://www.escandinavo.com/download/lpo94swe.pdf

86 vgl. ebd.

87 vgl. Werler/Claesson (2010: 458f.)

88 vgl. Seite 8: http//:www.epubl.ltu.se/1402-1773/2004/088/LTU-CUPP-04088-SE.pdf

89 vgl. Seite 131: http//:www.bmbf.de/pub/pisa-vergleichsstudie.pdf

90 vgl. Skolverket: Das schwedische Schulsystem

91 vgl. Werler/Claesson (2010: 650)

92 der Zuständigkeitsbereich für die Hochschule liegt beim *Högskolverket*

werten, um die zentralen Bildungsstandards und Ausbildungschancen national zu gewährleisten und durch jährliche Berichte zur Schul- sowie Lehrplanentwicklung, beizutragen.[93] Die Aufgabenbereiche des *Skolverkets* sind daher nur schwer mit ähnlichen deutschen Einrichtungen zu vergleichen (wie bspw. Das Bundesbildungsministerium oder die Kultusministerien der einzelnen Bundesländer), da ein zentrales Amt für Schule und Erwachsenenbildung in dieser Form in Deutschland nicht existiert.

3.3 Das Schulsystem Schwedens im Überblick

3.3.1 Besonderheiten

Wie bereits angesprochen, blickt Schweden auf eine „lange Tradition der gemeinsamen Beschulung aller Kinder zurück."[94] Der größte Unterschied zum deutschen Bildungssystem besteht dabei in der nicht vorhandenen „Unterscheidung in Primar- und Sekudnarbereich."[95] Wie die im Anhang zu findende schematische Darstellung aufzeigt, umfasst die schwedische *grundskola* nach deutschem Verständnis den Primar- sowie Sekundarbereich I. Die weiterführende Schule (*gymnasieskola*) stellt dabei das deutsche Äquivalent zum Sekundarbereich II dar.[96] Die Schuldauer in Schweden beträgt neun Pflichtschuljahre, wobei sich fortschreitend die Tendenz zu einer deutlich längeren verweildauer im Schulsystem abzeichnet.[97] Dies gilt für den Besuch einer Vorschulklasse als auch für den weiteren Bildungsweg an der *gymnasieskola* als auch später an einer *högskola*.[98] Die allgemeine Schulpflicht beginnt in Schweden im Alter von sechs oder sieben Jahren. Zuvor haben noch nicht schulpflichtige Kinder die Möglichkeit eine freiwillige Vorschule (*förskola*) zu besuchen.

---

93 vgl. ebd.

94 Werler/Claesson (2010: 652)

95 ebd.

96 vgl. ebd.

97 Nationale Behörde für das Bildungswesen (S. 41)

98 vgl. ebd.

3.3.2 Elementarbereich/Vorschultätigkeit

Die Vorschultätigkeit bzw. der Besuch einer Einrichtung im Elementarbereich ist in Schweden auf Kinder im Alter von 1-6 Jahren ausgerichtet. Der im Laufe dieser Untersuchung immer wieder thematisierte Grundgedanke „Bildung und lebenslanges Lernen als Chance für alle- und zwar unabhängig von der elterlichen Hilfe, sondern als eine Aufgabe der Gemeinschaft“[99] udn die damit zusammenhängende Gleichstellung der Geschlechter ist auch für die Betreuung im Elementarbereich festgeschrieben. Die vorschulische Erziehung kann dabei in vier unterschiedliche Betreuungsformen gegliedert werden[100]:

1. *daghem* (Tagesstätte für ein- bis sechsjährige Kinder bezeichnet zur täglichen Betreuung im Ganztag)
2. *deltidsgrupper* (Betreuungsgruppen für vier- bis sechsjährige Kinder, die eine temporäre Betreuung von einigen Stunden anbieten)
3. *familjedaghem* (Familientagsbetreuung ist mit dem Konzept der Tagesmutter vergleichbar und umfasst die Betreuung vom Säuglingsalter an)
4. Die *öppna förskola* (offene Vorschule für Kinder im Vorschulalter. Die Kinder erhalten ihre Betreuung durch förskollärare (Vorschullehrer))[101]

Im Folgenden wird auf die Vorschulklasse (*förskoleklass*) als eines der Angebote innerhalb der Vorschultätigkeit näher eingegangen[102], da diese von der Mehrheit der schwedischen Kinder vor Beginn der Schule besucht wird und unmittelbar einer Verbindung zur Schule aufweist.

Die *förskoleklass* wurde im Jahr 1998 vollständig etabliert und gehört zu einer der „freiwillige[n] Form[en] innerhalb des öffentlichen Schulwesens in Schweden.“[103] Wie die anderen Vorschuleinrichtungen, unterliegt die Vorschulklasse ebenfalls dem eigens eingeführten Lehrplan (Lpfö 98) für die

---

[99] Kurpjoweit, K. (2004: 11)

[100] vgl. Schäfer, H.-P. (1996: 196f.)

[101] vgl. Reich, H. (1996: 25ff.)

[102] auf weitere Ausführungen zu den anderen Betreuungsangeboten im Vorschulbereich muss aufgrund der Umfangsbegrenzung dieser Studie verzichtet werden. Es sei hier auf weiterführende Literatur verwiesen (siehe Quellenverzeichnis) wie z.B. http://www.skolverket.se/forskola_och_skola

[103] Werler/Claesson (2010: 653f.)

Vorschule.[104] Inzwischen zeigt sich die Arbeit des Skolverket ganz aktuell, denn im Jahr 2010 wurde der *Förskolans nya läroplan*[105] (neuer/editierter Lehrplan der Vorschule) beschlossen, der zum Teil Veränderungen im Berteich der Förderung des mathematischen Verständnisses sowie des sprachlichen und naturwissenschaftlichen Lernens mit sich brachte.[106] Die Veränderungen des *läroplan* zeigen anschaulich das mit der Vorschulklasse verfolgte Ziel: In den Vorschulklassen sollen Kinder die Basiskompetenz für das weiterführende Lernen in der Grundschule ausbilden können. Damit soll die Anschlussfähigkeit an die Grundschule gesichert werden. Um die Kompetenzen seitens der Kinder auszubilden, werden diese durch Gruppenaktivitäten sowie spielerisch-entdeckendes Lernen dazu ermutigt Eigeninitiative im Lernprozess auszubilden.[107] Dies deckt sich mit dem Selbstverständnis der Lehrkräfte an schwedischen Schulen, die sich eher als „Coaches/Begleiter" der Schüler verstehen und dem Schüler in seiner „Eigenverantwortlichkeit für den Lernfortschritt [...]"[108] unterstützend zur Seite stehen.[109] Damit sich beim Eintritt in die Pflichtschule alle Kinder auf gleichwertige Ausgangskompetenzen stützen können, sind vor allem auch im sprachlichen Bereich deutliche Förderprogramme zu erkennen.[110] Ist die sprachliche Entwicklung eines Kindes verzögert oder bereitet diese Schwierigkeiten, so ist jede Vorschuleinrichtung verpflichtet, durch geeignete Maßnahmen das Kind in seiner Familiensprache sowie in der schwedischen Sprache zu unterstützen.[111] Dies gilt auch für weiteren Förderbedarf, so dass auch sonderpädagogische Förderung seitens der Vorschuleinrichtung gestellt werden muss. Die Ausprägung dieser Fördermaßnahmen wird durch den dezentralen Steuerungscharakter des schwedischen Schulsystems beeinflusst. Da jede Kommune die Eigenverantwortung bzgl. der Qualitätssicherung trägt, wird die

[104] vgl. ebd.

[105] http://www.skolverket.se/2.3894

[106] http://www.pedagogstockholm.se/Reformer/Forskolans-nya-laroplan/ - der Beschluss eines neuen, editierten Lehrplans kann wohlmöglich auch als Reaktion auf die sich verschlechterten Ergebnisse der letzten PISA-Studie zurückgeführt werden

[107] vgl. Werler/Claesson (2010: 653f.)

[108] Krupjoweit, K. (2004:12)

[109] vgl. Krupjoweit, K. (2004: 13ff.)

[110] vgl. Kapitel 5

[111] vgl. ebd.

Auswahl des Lehrpersonals, die Gruppengröße sowie dessen Zusammensetzung als auch die Räumlichkeiten zu Gunsten der Entwicklungsmöglichkeiten der Schülerinnen und Schüler in den Fokus gerückt und individuell ausgestaltet.[112] Die Vorschulklasse stellt also eine freiwillige Möglichkeit dar, um die Schulpflicht ein Jahr vorzuziehen, da bereits in diesen Klassen elementare Fähigkeiten erlernt werden.

3.3.3 Die Pflichtschule: Grundschule

Mit dem Eintritt in die Einheitsschule (*grundskola*) beginnt für die Kinder die allgemeine Schulpflicht.[113] Insgesamt stellt die *grundskola* die größte Schulform des Landes dar und umfasste im Jahr 2003 insgesamt 1.046.441 Schülerinnen und Schüler.[114]
Aufgrund der kaum vorhandenen Selektion, der fehlenden internen Differenzierung in Niveaus sowie der Auflösung der 40.60 Minutentaktung der Schulstunden, obliegt die Ausgestaltung der Stunden und Kursplänen den Lehrkräften, die diese an die örtlichen Gegebenheiten und den darauf formulierten Zielen anpassen.[115] Insgesamt ist die formale Betrachtung des Stundenkontingents als Zeitstunde daher unbedeutend. Dies bedeutet, dass es durchaus sein kann, dass ein ein bestimmtes Fach in einer Klassenstufe einen relativ hohen Stundenumfang hat und somit eine größere Beachtung findet, währenddessen dieses Fach in der nächst höheren Klassenstufe einen eher geringen Stundenumfang hat und die Stellung durch ein anderes Fach ersetzt wird. Diese Variabilität und Flexibilität in der Ausgestaltung des Unterrichts ermöglicht den Lehrkräften, den Fachunterricht optimal an die Schulklasse anzupassen und die individuelle Lernzeit der Schülerinnen und Schüler entsprechend auszugestalten. Neben den Lernfächern wird die GEsamtstundenzahl durch ein Wahlfach der Schule ergänzt. Etwa 9% der Gesamtstundenzahl fällt auf dieses Wahlfach zurück. Diese Wahlfachstunden kann die Schule zur eigenen Profilbildung verwenden, indem sie unterschiedliche Schwerpunkte legt und Schülerinnen und Schülern

---

112 vgl. Werler/Claesson (2010: 653f.)

113 Bundesministerium für Bildung und Forschung (2003: 72f.)

114 Skolverket (2003/04: 128)

115 vgl. ebd.

die Möglichkeit bietet, diese Stunden zur Vertiefung ihres Interessengebietes zu nutzen.[116] Dies ermöglicht einerseits die fachliche Ausrichtung der Schule auf ein bestimmtes Ausbildungs-, und Berufsfeld und andererseits können diese von den Schülern eigens gewählten Wahlstunden mit in dessen Entwicklungsplan eingehen,

> „den jeder Klassenlehrer in Zusammenarbeit mit dem Schüler und dessen Eltern zu erstellen hat. Der Plan soll als Lernwerkzeug den einzelnen Schüler unterstützen. Dazu werden im Plan die jeweilige Lernausgangslage des Schülers, seine Interessen und Stärken sowie die Entwicklungsfortschritte und -ziele dargestellt. Im jährlich stattfindenden Entwicklungsgespräch werden dann die Entwicklungen des Schülers, sein Wissen, seine soziale Kompetenz und die zu erreichenden Ziele reflektiert.“[117]

Bis zur 8. Klasse wird auf Schulnoten, wie wir sie in Deutschland kennen, verzichtet. Diese werden durch Entwicklungsgespräche sowie schriftliche Beurteilungen ersetzt. Ab der 8. Klasse gibt es dann halbjährliche dreistufige Zensuren (*terminsbetyg*): *godkänd* (befriedigend), *väl godkänd* (gut) und *mycket väl godkänd* (sehr gut). Die Schüler erhalten am Ende der Grundschule ihr Abschlusszeugnis (*slutbetyg från grundskolan*). Hier werden Noten fachübergreifend und blockhaft und nicht ziffernhaft vergebn und stellen somit eine zielorientierte Bewertung dar.[118] Des Weiteren bleiben Schülerinnen und Schüler in der Grundschule nicht sitzen und rücken somit automatisch ein Schuljahr auf. Die unübliche Rückstellung (das deutsche Sitzenbleiben) kann durch den Rektor dabei entscheiden werden. Trotz dieser Möglichkeit, wird auf Zurückstellung in der Regel verzichtet.

> „Die Stabilität des Klassenverbandes über diese neun Jahre ist eine der Grundpfeiler der Grundschule. Die Tatsache, dass sie [die Schüler] lange Phasen ihrer Schulzeit mit den gleichen Schülern und Lehrern verbringen, soll schwedische Jugendliche dazu befähigen, stabile und lang andauernde Beziehungen zu bilden, die ‚in guten und schlechten Zeiten‘ halten und in denen sie lernen, einander zu helfen, Stärken zu entdecken und Schwächen gemeinsam abzubauen.“[119]

---

[116] vgl. Bundesministerium für Bildung und Forschung (2003: 72f.)

[117] Werler/Claesson (2010: 655)

[118] vgl. ebd.

[119] Ekholm, M. (2003: 3)

Die frühe Differenzierung (wie im deutschen System) ist nicht mit den Zielformulierungen bzw. Der Grundkonzeption des schwedischen Schulwesens im Allgemeinen und der Grundschule im Speziellen vereinbar. Aus diesem Grund werden an schwedischen Schulen auch Schüler mit psychischen als auch physischen Lernschwierigkeiten in den Regelunterricht weitestgehend integriert. Laut des Schulgesetzes als auch des Lehrplans (Lpo94), sind für Schüler mit Lernschwierigkeiten „besondere Maßnahmen" seitens der Schule zu ergreifen. Darüber hinaus gibt es noch zwei Schulformen, die sich speziell auf Lernbehinderungen (bspw. Hörgeschädigte Kinder) oder Schüler eingestellt haben, die trotz integrativer Konzepte nicht am Regelunterricht teilnehmen können. Dazu zählen die *specialskola* (Spezialschule) und die *särskola* (Förderschule).[120]

3.3.4 Die freiwillige Schule: Gymnasium

Im Anschluss an die grundskola haben Schülerinnen und Schülr die Möglichkeit auf die freiwillige *gymnasieskola* zu wechseln. Diese weiterführende Schulbildung ist ebenfalls kostenfrei, jedoch im Gegensatz zur *grundskola* freiwillig und unterliegt somit nicht mehr der Schulpflicht.[121] Jede Kommune ist dabei verpflichtet Schülern bis zum Alter von 20. Jahren einen Platz an einer weiterführenden *gymnasieskola* zu stellen. Im Jahr 2003/2004 haben laut *Skolverket* 333.928 Schüler die *gymnasieskola* besucht.[122] Im Vergleich zu Deutschland ist dabei vor allem zu beachten, dass ca. 98% der Grundschüler diese Option der weiterführenden Schulbildung wahrnehmen und somit nach der *grundskola* direkt auf die *gymnasieskola* wechseln.[123]
Seit dem Jahr 2001 sind die Bildungsveranstaltungen der weiterführenden Schulen auf nationaler Ebene in 17 unterschiedliche Ausbildungsprogramme unterteilt.[124] Diese unterscheiden sich nach berufsbezogenen als auch studienvorbereitenden Programmen. Beiden Ausbildungsprogrammen gemeinsam ist

---

[120] vgl.Werler/Claesson (2010: 655f.)

[121] diese ist mit dem deutschen gymnasialen Zweig vergleichbar, um das Abitur zu erlangen

[122] vgl. Skolverket (2003/04: 173)

[123] vgl. Werler/Claesson (2010: 655)

[124] Bundesministerum für Bildung und Forschung (2003: 72f.)

dabei die Sicherstellung gewisser Kernfächer.[125] Einige Programme (gerade die berufsbezogenen) bieten den Schülern die Möglichkeit der Spezialisierung im Rahmen ihres Programmes, ebenso wie Praktika an möglichen Ausbildungsplätzen. Dies soll den späteren Berufseinstieg erleichtern.[126] Sollte das gewünschte Ausbildungsprogramm innerhalb einer Kommune nicht durch eine Schule vertreten werden, so haben Schüler das Recht im ganzen Land nach einer geeigneten Schule zu suchen und dort ihren Bildungsweg fortzusetzen. Die Benotung auf der *gymnasieskola* wird im Vergleich zur *grundskola* um ein weiteres, viertes Niveau ergänzt: *inte godkänd* (nicht bestanden). Auch hier findet am Ende der Schulzeit keine gesonderte Abschlussprüfung (wie die Abiturprüfungen in Deutschland) statt, sondern jeder Schüler erhält das *slutbetyg från gymnasieskolan* (Abschlusszeugnis der *gymnasieskola*), welches zugleich das gewählte Programm und die ggf. Getroffene Spezialisierung aufzeigt. Die Spezialisierung ist wichtig, da diese von fast jeder Hochschule vorausgesetzt wird.[127]

3.3.5 Im Vergleich: Das deutsche Schulsystem

Auch wenn das Schulsystem Deutschlands vermutlich als weitgehend bekannt vorausgesetzt werden kann, soll im Folgenden ein kurzer Überblick erfolgen, um im Anschluss daran die wichtigsten Unterscheide zum schwedischen Schulsystem zusammenfassen zu können.[128]
Der Elementarbereich bzw. die vorschulische Erziehung und Bildung wird in Deutschland durch Kinderkrippen (0-3 Jahre), Kindergärten (für 3 bis 6-Jährige) und in einigen Bundesländern durch Vorschulkindergärten oder Vorschulklassen für 5-Jährige gebildet.[129] Im Primar- und Sekundarbereich zeigrn sich deutliche Unterschiede zu Schweden auf, die das gesamte Schulwesen betreffen. Im Gegensatz zu Schweden ist das Schulwesen in der Bundesrepublik nicht

---

[125] vgl. ebd.

[126] vgl. Werler/Claesson (2010: 656f.)

[127] vgl. ebd.

[128] für detaillierte Ausführungen sei an dieser Stelle auf weiterführende Literatur verwiesen, wie bspw. Döbert, H. (2010: 175ff.); Anweiler, O. (1996: 31-55)

[129] vgl. Anweiler, O. (1996: 37)

national einheitlich geregelt, da Deutschland „föderalistisch aufgebaut ist. Die Bundesländer erledigen viele Aufgaben selbst (vor allem im Bereich der Schul- und Hochschulbildung) [...].“[130] Auch für die Schulpflicht gilt die beschriebene Kulturhoheit der Länder. Diese beginnt zwar in allen Bundesländern mit dem vollendeten sechsten Lebensjahr, endet jedoch abhängig vom jeweiligen Bundesland bereits nach neun oder zehn Jahren. Zum Primarbereich ist zu sagen, dass die Grundschule als einheitliche Schulform jedes Bundeslandes besteht, sie sich jedoch ebenalls hinsichtlich ihrer Dauer unterscheidet.[131] Auch im Bereich der Sekundarstufe I gibt es einige Unterschiede zwischen den Bundesländern. Die Orientierungsstufe zu Beginn der Sekudnarstufe I (5. Und 6. Klasse) als Förder- bzw. Beobachtungsstufe wird je nach Bundesland unterschiedlich gehandhabt.[132] Charakteristisch für das deutsche Bildungssystem ist die horizontale Ausrichtung mehrerer, nebeneinander herlaufenden Schulformen.[133] Mitunter ist es schwierig ein eindeutiges, aktuelles Bild des deutschen Schulsystems dazustellen, da aufgrund von zahlreichen Reformen bzw. Erneuerungen das Schulsystem in Deutschland ständiger Veränderung unterliegt.[134] Die dargestellten Punkte sollen vor allem die Vielschichtigkeit in Hinblick auf bundeslandspezifische Unterschiede verdeutlichen.

3.4 Vergleich und Zusammenfassung

Vergleicht man letztlich das schwedische und deutsche Schulwesen, so fallen neben einigen Gemeinsamkeiten doch grundlegende Unterschiede auf. Während in beiden Ländern das allgemeine Recht auf Bildung sowie eine allgemeine Schulpflicht besteht, unterscheiden sich beide Länder hinsichtlich des Umgags mit der Finanzierung von Förderangeboten und Lernmitteln. In diesen Bereichen hat die schwedische Schülerschaft bessere Ausgangsbedingungen. Durch die fast vollständige Finanzierung der kompletten Schullaufbahn wird in

---

[130] Dilger, A. (2000: 12)

[131] vgl. Anweiler, O. (1996: 39)

[132] vgl. ebd.

[133] vgl. Schulmodellübersicht 2 (anhang)

[134] bspw. die Einführung der Sekudnarschule als eine neue integrativ-kooperative Schulform in NRW (http://www.schulministerium.nrw.de/BP/Sekundarschule/)

Schweden auch sozial schwächeren Familien bzw. Deren Kindern die Möglichkeit zu höherer Bildung im Sinne der Chancengleichheit ermöglicht. In Deutschland werden Lernmittel oder Fördermaßnahmen nicht im gleichen Ausmaß vom Staat bzw. den Kommunen gestellt, sondern müssen in der Mehrheit der Bundesländer privat organisiert und bezahlt werden. Dies kann vor allem auch an der florierenden Wirtschaft im Bereich der Nachhilfe aufgezeigt werden. Da in Deutschland leider immer noch doe soziale Herkunft über die Schullaufbahn bzw. den Bildungserfolg bestimmt, kann zum einen die private Finanzierung von Lernmaterialien ein Problem darstellen. Die Eigenfinanzierung trifft vor allem sozial schwächer gestellte Familien besonders hart. Umfassende finanzelle Unterstützung erhalten dabei die Wenigsten und es ist wenn mit johem bürokratischen Aufwand verbunden. Zwar gibt es bundeslandübergreifende Vergleichsarbeiten oder für viele Fächer Formulierungen nationaler Bildungsstandards, doch wie qualitative, fachliche Chancengleichheit in Deutschland durch das uneinheitliche Schulsystem erreicht werden kann, ist und bleibt fraglich. Die Einheitsschule Schwedens stellt jedoch mit den größten systemischen Unterschied dar und steht der frühen Differenzierung innerhalb des deutschen Systems entgegen, die Bildungswanderungen nach oben beeinträchtigt. Betrachtet man das schwedische System, so kann man den Eindruck bekommen, dass sich Schweden die Heterogenität der Schülergruppe zu eigen macht. So verwundert es kaum, dass man im Unterricht unterschiedliche Altersgruppen bzw. Interessengruppen antrifft. Das individuelle Lernen und Fördern hat sich inzwischen als Mittelpunkt der schwedischen Schulphilosophie etabliert. Dies wird auch aus dem Lehrplan (Lpo94) ersichtlich: „Undervisningen skalls anpassas till verje elevs förutbildningar och behov."[135] Zwar ist seit 2006 in Deutschland ebenfalls die individuelle Förderung im Schulgesetz verankert: „Jede Schülerin und jeder Schüler hat das Recht auf individuelle Förderung"[136], jedoch muss im Vergleich zu Schweden noch viel konkreter auf die Umsetzung der Förderung schwächerer Schülerinnen und Schüler eingegangen werden. Wärenddessen schwedische Schulen schwäche Schülerinnen und Schüler integrieren, diese in der gemeinsamen Grundschule unterrichten und noch zusätzliche individuelle Förderangebote seitens der Lehrkräfte über den regulären Klassenunterricht erhal-

---

[135] „Der Unterricht soll an die Voraussetzungen und Bedürfnisse jedes einzelnen Schülers angepasst werden"

[136] vgl. http://www.blickpunkt-ausbildung.de/index.php?option=com_content&task=vieew&id=115

ten, kennt Deutschland „kein allgemein geltendes Förderkonzept, niemand hat Anspruch auf Förderung, Lernprobleme werden in der Regel durch Sitzen bleiben oder Schulwechsel ‚gelöst'. In Schweden haben die SchülerInnen einen Anspruch auf Förderung, Kommune und Schule sind verantwortlich, die Lernenden zu unterstützen."[137] Zwar zeigen sich in Deutschland ebenfalls Tendenzen zur Reformierung[138], jedoch hat sich der Reformierungsgedanke zur Integration früherer Einwanderer erst viel später in Deutschland eingestellt, so dass der Vorsprung Schwedens im Bereich der schulischen Gestaltung zur Sicherung von Chancengleichheit deutlich erkennbar ist.

4. Theoretische Grundlagen zur Unterscheidung der Erst-, Mutter- sowie Zweitsprache

Nachdem bereits die Einwanderungssituation sowie das Schulsystem Schwedens genauer betrachtet und mit Deutschland vergleichen wurde, soll es im folgenden Kapitel um theoretische Grundlagen zum Erst- bzw. Zweitspracherwerb gehen, um damit den sprachwissenschaftlichen Rahmen zu bilden, der bei der Betrachtung der Zweisprachigkeitsförderung im Kapitel 5 ebenfalls von Bedeutung ist und somit einen zweckmäßigen Schritt in der Progression dieser Studie darstellt.

4.1 Erstsprache Muttersprache

4.1.1 Definition Erstsprache

Unter der Erstsprache wird die Sprache verstanden, die Kinder als erstes erwerben udn die zudem meist zeitgleich die Sprache der Umgebung darstellt. Diese Sprache ist dabei oftmals, jedoch nicht zwangsläufig, die Sprache der Mutter.[139] Eine wichtige Kategorisierung ist dabei die Sprachen nach starker

---

[137] Ratzki, A. (2003: 11ff.): Schweden

[138] bspw. die Einführung von Sekundarschulen in NRW oder der Ausbau des Ganztagsangebots

[139] vgl. Glumpler/Apeltauer (1997: 10)
Im Kontext von Muttersprache wird oftmals auch von der Familiensprache gesprochen, da nicht ausschließlich die Mutter die einzige Person der Familie ist, die eine andere Sprache sprechen kann

(dominierender) und schwacher (weniger starker) Ausprägung zu unterscheiden.[140] Kielhöfer/Joneheit (1983) führen diese Unterscheidung ebenfalls an, da die Erstsprache zwar oftmals die dominierende Sprache eines Menschen ist, es jedoch durch veränderte Lebensbedingungen (bspw. Migration) dazu kommen knn, dass die vorerst dominierende Sprache sich mit der Zeit zur schwächeren Sprache entwickelt.

> Bsp.: Ein Kind wächst in Schweden auf und lernt somit als Erstsprache Schwedisch. Da die Eltern aus beruflichen Gründen nach Deutschland ziehen, lernt das Kind „gezwungernermaßen" Deutsch. Das Kind geht in den Kindergarten bzw. in die Schule und redet allmählich mit dem größten Teil seiner Freunde sowie im alltäglichen Leben Deutsch. Somit wird die anfänglich dominierende Sprache Schwedisch allmählich zu der weniger stark ausgeprägten Sprache (bspw. Schwedisch wird nur noch in der Familie gsprochen oder zu Besuch bei den Verwandten in Schweden).

Wie das Beispiel illustriert, muss die dominierende Sprache „nicht unbedingt die zuerst erworbene Sprache sein."[141]

Es kann also nicht davon ausgegangen werden, dass Kinder mit Migrationshintergrund „die Sprache ihrer Mutter in vergleichbarer Weise beherrschen wie gleichaltrige deutsche Kinder Deutsch."[142] Verändetre Lebensumstände (bspw. durch Zuwanderung ausgelöst) beeinflussen die Sprache insoweit, als dass Kinder die zuerst erworbene Sprache durch eine andere, zweite Sprache ersetzen und somit die zuerst stärker ausgeprägte Sprache immer weiter in den Hintergrund gerät.[143] Migrationsprozesse können sich somit auf den Sprachgebrauch auswirken.

Es lässt sich demnach zusammenfassend festhalten, dass die Erstsprache die starke Sprache darstellt, „die ein Kind im Vergleich zu anderen Sprachen am besten beherrscht."[144]

---

[140] Günther/Günther (2004: 56)

[141] vgl. ebd.

[142] Glumpler/Apeltauer (1997:10)

[143] vgl. Günther/Günther (2004: 56)

[144] Glumpler/Apeltauer (1997: 10)

4.1.2 Bedingungen des Erstspracherwerbs

Im Allgemeinen vollzieht sich der kindliche Erstspracherwerb zwar auf ganz natürliche Weise, jedoch kann dieser Entwicklungsprozess durch verschiedene Bedingungen gekennzeichnet sein, die zum einen im Kind selbst als auch in der unmittelbaren Umgebung zu verorten sind. Der sprachliche Erwerbsvorgang ist bis heute noch nicht eindeutig geklärt[145], trotzdem ist dabei allen Theorien ein Fundament verschiedener Entwicklungsbereiche gemeinam, die sich entscheidend auf die sprachlichen Fähigkeiten des Kindes auswirken können.[146] Günther/Günther (2004) kommen zu dem treffenden Schluss:

> „Sprache und Sprechen können nur in aktuellen Lebenssituationen mit realen Kommunikationspartnern realisiert werden. Gelingt das sprachliche Handeln nur begrenzt oder überhaupt nicht, dann müssen die Ursachen in der Persönlichkeit des Kindes, den familiären Hintergründen, den bisherigen Interaktionen, dem persönlichen Erleben und Wohlbefinden sowie dem individuellen Lernen gesucht werden."

4.2 Fokus Zweisprachigkeit

4.2.1 Was bedeutet Zweisprachigkeit?

Begibt man sich auf die Suche nach einer klaren Definition des Begriffs Zweisprachigkeit, so stellt man recht schnell fest, dass in der Fachliteratur bislang noch keine einheitliche Formulierung existiert.[147] Ein Grund stellen dabei die individuellen (vom Kind abhängigen) Erwerbsvoraussetzungen bzw. Einstiegsbedingungen dar. Da der Spracherwerb bzw. Die Sprache generell eher als ein durchgängig veränderbarer Prozess des Lernens, Verlernens sowie Wiedererlernens angesehen werden kann, können diese Bedignungen nicht eindeutig bestimmt werden. Das Fehlen objektiver Bestimmungsmöglichkeiten führt demnach letztlich dazu, dass kein fest umrissener Standard zur Sprachbeherr-

---

[145] zur detaillierten Darstellung sei an dieser Stelle auf die Ausführungen von Günther/Günther (2004: 80-92f.) verwiesen

[146] vgl. Günther/Günther (2004: 92ff.)

[147] vgl. Nauwerck, P. (2005: 41)

schung (dazu zählen Sprachentwicklungsverzögerungen als auch Frühreife) formuliert werden kann.[148]

Auch andere Wissenschaftler kritisieren den Versuch einer Standardisierung. Bialystock schließt sich Nauwerck an und ist der Auffassung, dass „die Entwicklung zweisprachig aufwachsender Kinder als eine Art Stufenleiter [verstanden werden kann], auf der nicht festgeöegt werden könnte, von welchem Zeitpunkt bzw. Kenntnisstand an das Kind als zweisprachig zu bezeichnen sei“[149], so dass nach heutigem Verständnis temporäre Sprachmischungen (Interferenzen) als eine aktive Auseinandersetzung mit zwei Sprachsystemen verstanden werden kann.[150]

Um sich im nächsten Schritt einer Definition des ‚Zweitspracherwerbs‘ anzunähern, ist zuvor auf die Unterscheidung zwischen gleichzeitigem und nachzeitigem Spracherwerb näher einzugehen.

4.2.2 Formen des Spracherwerbs

4.2.2.1 Gleichzeitiger und nachzeitiger Spracherwerb

Glumpler/Apeltauer (1997) unterscheiden zwischen „primären Bilingualismus“ (= gleichzeitiger Spracherwerb) und „sekundären Bilingualismus“ (= Zweitspracherwerb, nachzeitiger Erwerb). Der Unterscheid beruht im Zeitpunkt des Spracherwerbs. Währenddessen der gleichzeitige Spracherwerb zweier Sprachen durch den simultanen Input zweier sprachlicher Systeme bestimmt ist, kennzeichnet sich der sekundäre Bilingualismus durch den „nachzeitigen Erwerb einer zweiten oder fremden Sprache.“[151] Dies impliziert, dass die Aneignung von Grundkenntnissen der Erstsprache bereits abgeschlossen ist (der Spracherwerb also konsekutiv verläuft). Der nachzeitige Erwerb einer Sprache ist nach Apeltauer erst nach Vollendung des vierten Lebensjahrs möglich.[152]

---

[148] vgl. ebd.

[149] ebd.

[150] für weitere Ausführungen vgl. Neuwerck, P. (2005: 42)

[151] vgl. Glumpler/Apeltauer (1997: 11)

[152] aufgrund der Komplexität des Themas „zweisprachigkeit in Bezug auf Altersstufen“, wird an dieser Stelle auf Apeltauer (1997), Fthenakis/Sonner (1985: Kap.3) sowie Meisel (2007) verwiesen

Diese Unterscheidung ist von großer Relevanz, um sich einer Definition des Begriffs ,Zweitsprache/Zweitspracherwerb' anzunähern, denn generell ist der gleichzeitige Spracherwerb nur in Familien möglich, in denen beide Elternteile mindestens eine unterschiedliche Sprache sprechen. Die Ausbildung einer starken und schwachen Sprache ist dabei trotz ausgewogenen sprachlichen Input nicht unumgänglich. In diesem Fall handelt es sich um „bilinguale [Kinder] mit dominanter Erst- oder Familiensprache."[153] Es ist eher selten, dass das Kind eine balancierte Zweisprachigkeit (= doppelter Erstspracherwerb) erreicht, die es ihm ermöglicht, beide Sprachen in gleichem Maße zu beherrschen. Um der Gefahr einer möglicherweise einhergehenden „beidseitigen Halbsprachigkeit" vorzubeugen, ist eine Förderung beider Sprachen durch unterschiedliche Mittel unabdingbar (bspw. verschiedene sprachliche Bezugspersonen), um somit einen quantitativ angemessenen Sprachinput zu gewährleisten.[154]

Letztlich kann also festgehalten werden, dass sich der simultane Erwerb zweier Sprachen nicht negativ bzw. kontraproduktiv auf den Erstspracherwerb auswirkt, solange „dabei elementare methodische und pädagogische Prinzipien eingehalten werden"[155], die im Unterkapitel 4.2.3 noch näher vorgestellt werden. Es lässt sich somit der Zweitspracherwerb wie folgt definieren.

4.2.2.2 Definition Zweitspracherwerb

> „Zweitspracherwerb wird als Sammelbegriff für jeden Spracherwerb verstanden, der sich gleichzeitig (= simultan) oder als Folge (= konsekutiv) zum Grundspracherwerb (Erstspracherwerb) vollzieht."[156]

Die zusammenfassende Definition von Günther/Günther (2004) verdeutlicht erneut dieDifferenzierung zwischen gleichzeitigem und nachzeitigem Spracherwerb zum Grundspracherwerb und kann als Grundkonsens innerhalb der Wissenschaft betrachtet werden. Es stellt sich jedoch die Frage, wieso heutzutage vor allem der nachzeitige Erwerb der Zweitsprache fokussiert wird. Es scheint, als ob die vorangebrachte Definition nicht ausreichend ist, um alle

---

[153] Glumpler/Apeltauer (1997: 11)

[154] vgl. ebd.

[155] Nauwerck, P. (2005: 52)

[156] Günther/Günther (2004: 141)

gesellschaftlich relevanten Aspekte der „Zweitsprache“ zu erfassen. Was bedeutet also diese Begrifflichkeit? Um die Bedeutung der Zweitsprache genauer erörtern zu können, ist es hilfreich die Unterscheidung zwischen einer zweiten und fremden Sprache zu treffen, auf die im Folgenden näher eingegangen wird.

4.2.2.3 Gesteuerter & ungesteuerter Zweitspracherwerb

Innerhalb des Zweitspracherwerbs lassen sich zwei Erwerbstypen unterscheiden: „der ungesteuerte Zweitspracherwerb und der unterrichtsgesteuerte Fremdspracherwerb.“[157] Dabei ist der gesteuerte Fremdspracherwerb als organisierter Erwerb zu verstehen, wie z.B. beim Erlernen einer Fremdsprache innerhalb des Schulunterrichts. Der ungesteuerte Zweitspracherwerb stellt den Zweitspracherwerb im Rahmen der kindlichen Sozialisation dar und dient der alltäglichen Kommunikation.[158] Klein (1984) weist darauf hin, dass der kommunikative Erfolg des Kindes eine entscheidende Rolle in dessen sprachlicher Orientierung spielt und somit durchweg den ungesteuerten Zweitspracherwerb bestimmt. Die Zweitsprache stellt in diesem Fall ein zweites Kommunikationsmittel dar[159] und wird „in der sozialen Umgebung erworben, in der man die Sprache tatsächlich spricht.“[160] Dagegen wird die Fremdsprache „außerhalb ihres normalen Verwendungsbereiches“ gelernt und dient nicht wie die Erstsprache der alltäglichen Kommunikation mit der Familie oder den Freunden.[161] Dies folgert demnach einen Unterschied in den Begrifflichkeiten ‚lernen‘ und ‚erwerben‘. Lernen kann als zielgerichtete und systematische Aneignung von sprachlichem Wissen innerhalb von Lernprozessen verstanden werden (wie es beim Fremdsprachenlernen der Fall ist), währenddessen man sprachliches Wissen im natürlichen Zweitspracherwerb erwirbt (kein explizit geplanter Aneignungsprozess).[162] Günther/Günther (2004) konkretisieren abschließend die Unterscheidung anhand eines anschaulichen Beispiels:

---

[157] Günther/Günther (2004: 142)

[158] vgl. ebd.

[159] nach oder neben der Erstsprache

[160] vgl. ebd.

[161] vgl. ebd.

[162] vgl. ebd.

„Die Aneignung einer Fremdsprache unterscheidet sich von der Aneignung einer Zweitsprache dadurch, dass Lerner ihre neue (fremde) Sprache außerhalb des Unterrichts, z.B. beim Spielen mit Nachbarskindern, nicht gebrauchen können. So lernen z.B. [schwedische] Kinder in Deutschland DaZ, weil sie Deutsch auch auf der Straße beim Spielen verwenden können und in [Schweden] hingegen würden sie DaF lernen."[163]

4.2.2.4 Definition Zweitsprache

„Wird eine fremde Sprache ohne formale Unterweisung erworben, sprechen wir von einer ungesteuerten (bzw. Selbstgesteuerten) [...] Aneignung. Eine Zweitsprache hat in der Gesellschaft, in der der Lerner lebt, eine zentrale Funktion. Sie ist zur kommunikativen Bewältigung von Alltagssituationen in dieser Gesellschaft unerlässlich."[164]

Die Bedeutung als auch die Förderung der Zweitsprache wird zunehmend sicher. Wie aus der obigen Definition hervorgeht, erfahren Zweitsprachenlerner kaum systematische Unterweisung beim Erwerbsprozess der Zweitsprache. Dagegen sind sie verschiedenen sprachlichen Inputquellen ausgesetzt (bspw. Familie, Kinderbetreuungsstätten, Peergroups etc.), die jede für sich eigene Besonderheiten birgt und durch qualitative Unterschiede gekennzeichnet sein kann. In Bezug auf den thematischen Rahmen dieser Untersuchung ist auch der Punkt der Migration bzw. Flucht zu berücksichtigen, da diese den nachzeitigen Erwerb der Zweitsprache oftmals initiiert und zu durchaus weitreichenden Problemen führen kann, die nicht nur auf sprachlichen Schwierigkeiten beruhen. Wie Glumpler/Apeltauer (1997) bereits ausgeführt haben, können Kinder durch die „Neuorientierung in einem fremden Land [und] der notwendigen Vergangenheitsbewältigung belastet werden, [welches sich wiederum auf die] Lernbereitschaft des Kindes und seine Spracherwerbsmöglichkeiten [auswirken kann]."[165]

Wie bereits im Kapitel 2 dieser Arbeit in Bezug auf Integrationskonzepte angesprochen, hielt sich in Deutschland über längere Zeit die Vorstellung, dass sich Sprachprobleme von Migranten und deren Kindern durch die Sozialisation im Institutionengefüge von allein beheben würde. Apeltauer 82006) spricht in diesem Kontext auch von dem „natürlichen Sprachbad", welches vor allem auf

---

[163] das von Günther/Günther angeführte Beispiel wurde auf den Kontext dieser Arbeit angepasst, so dass die türkische durch die schwedische Sprache im Beispiel ersetzt wurde

[164] Apeltauer, E. (2006: 16)

[165] Glumpler/Apeltauer (1997: 12)

Kinder mit Migrationshintergrund der zweiten, dritten oder inzwischen sogar gar vierten Generation in Deutschland zutreffen würde.[166] Doch diesen Vorstellungen entgegen verdeutlichten nicht zuletzt die PISA-Ergebnisse, dass die Zahl der Migrantenkinder der dritten oder vierten Generation mit erheblichen Sprach- sowie Sprechschwierigkeiten konfrontiert sind.[167] Um Chancengleichheit sowie die Möglichkeit auf ein selbstbestimmtes Leben herzustellen, muss „die sprachliche Förderung von Migrantenkindern intensiviert werden."[168] Währenddessen Integrationskonzepte in Schweden, die ebenfalls die sprachliche Förderung durch ein umfassendes Betreuungsangebot sowie eigenem Lehrplan im vorschulischen Bereich umfassen, etabliert sind, ist Deutschland immer noch vor die Problematik gestellt, dass mangelnde Sprachkenntnisse vor allem bei Sprachminderheiten sowie großen Migrantengruppen beobachtbar bleiben. Welche Bedingungen generell für einen erfolgreichen Zweitspracherwerb von Nöten sind, soll im folgenden Kapitel geklärt werden.

4.2.3 Bedingungen des Zweitspracherwerbs

In der Fachliteratur lassen sich unterschiedliche Ausführungen zu notwendigen Bedingungen zum erfolgreichen Erwerb der Zweitsprache finden. Diese sind in sich jedoch in verschiedene linguistische Teildisziplinen zu untergliedern (bspw. Psycholinguistik).

Im Folgenden sollen daher drei eher allgemeine Bedingungen für einen erfolgreichen Zweitspracherwerb in aller Kürze vorgestellt werden. Eine vielleicht augenscheinlich selbstverständliche Bedingung bezieht sich auf die *Allgemeine Entwicklung des Kindes*, welcher eine größere Berücksichtigung beim Zweitspracherwerb zukommen muss. Dies liegt neben generell möglichen Entwicklungsproblemen (bspw. Entwicklungs- oder Verhaltensauffälligkeiten), auch an kulturell begründbaren Problemen. Da sich Kinder mit Migrationshintergrund in einer Phase der kulturellen Umstrukturierung befinden, darf die Zweitsprache nicht von anderen allgemeinen „motorisch, kommunikativen und kognitiven

---

[166] vgl. Günther/Günther (2004: 148f.)

[167] vgl. ebd.

[168] vgl. Apeltauer, E. (2006: 3)

Zusammenhängen" bzw. derer Entwicklungen getrennt werden. Die Förderung muss letztlich ganzheitlich erfolgen.[169]

Weiterhin müssen bereits vorhandene Erfahrungen seitens zugewanderter Kinder berücksichtigt werden. Diese können sich dabei erheblich von den Erfahrungen anderer Kinder (bspw. Im Umgang zwischen Erzieher und Kind, Gruppenklima etc.) *Die bisherigen Erfahrungen* dürfen daher ebenfalls nicht außer Acht gelassen werden, um Kindern Verunsicherungen oder Ängste, die aufgrund anderer kultureller Erfahrungen auftreten, nehmen zu können, die ansonsten möglicherweise in sozialem Rückzug, Aggressionen oder sozial-emotionalen Spannungen münden können.[170]

Die letzte Bedingung ist zugleich die bedeutendste: *Die gleichwertige Behandlung von Erst- und Zweitsprache*. Hintergrund ist, dass der Erstspracherwerb beim Eintritt in vorschulische Insitutionen, die in der in Schweden als auch in Deutschland besucht werden, noch nicht abgeschlossen ist. Gerade für Kinder mit einer anderen Erstsprache ist dies besonders zu berücksichtigen. Zeitgleich verfügt das Kind jedoch bereits über Kompetenzen, die es ihm ermöglichen Wissen zu sammeln, „welches die Grundlage für ihr weiteres sinnstiftendes Lernen bildet."[171]

Zielsetzung in der Förderung des Zweitspracherwerbs sollte daher ein rationaler Umgang mit der Vermittlung der Zweitsprache darstellen, der keinen zu großen Druck auf das Kind ausübt (Zeitfaktor), um eine durch Ablehnung der Erstsprache herbeigeführte Irritation im Selbstwertgefühl des Kindes zu verhindern. Zusammenfassend lässt sich festhalten, dass der Zweitspracherwerb aus sprachwissenschaftlicher Sicht nicht zu Ungunsten der Erstsprache fokussiert werden darf. Dies schlussfolgert einen respektvollen und sensiblen Umgang mit den Leistungen des Kindes in der Erstsprache und ermöglicht somit persönliche Entwicklungsmöglichkeiten sowie die Chance auf ein selbstbestimmtes Leben.[172]

---

[169] vgl. Günther/Günther (2004: 150f.)

[170] vgl. Günther/Günther (2004: 151f.)

[171] vgl. Apeltauer, E. (2006: 9)

[172] vgl. Günther/Günther (2004: 153)

4.3 Zusammenfassung

Die Darstellungen in diesem Kapitel haben gezeigt, dass unzureichende sprachliche Fähigkeiten durch vielfältige sozial-gesellschaftliche als auch kulturelle Ursachen und Gründe bedingt werden können. Gleichzeitig muss beachtet werden, dass fehlende sprachliche Kompetenzen ebenso Grundlage gesellschaftlicher Missstände sein können. Sprache ist der Schlüssel zur Bildung und Bildung ist der erste Schritt zu gesellschaftlicher Chancengleichheit. Diese ist dabei auf sprachliche Angemessenheit angewiesen. Aus diesem Grund ist es erforderlich, die sprachlichen Fähigkeiten von Migrantenkindern, unter der Berücksichtigung der Erstsprache sowie der Herkunftskultur und sozial-kultureller Besonderheiten, insoweit zu fördern, als dass diese gegenüber monolingual aufwachsenden Kindern keine Nachteile erfahren. In welcher Weise im Bereich der sprachlichen Förderung dieses Ziel in Deutschland und in Schweden umgesetzt wird, wird im folgenden Kapitel anhand des Vergleichs verschiedener Sprachbildungsmaßnahmen bzgl. der Herkunfts- als auch Zweitsprache beider Länder dargestellt.

5. Sprachbildungsmaßnahmen an deutschen & schwedischen Schulen

Bevor es um die Betrachtung enzelner Sprachförderungsmaßnahmen geht, muss vorab geklärt werden, wieso der Zweisprachigkeit eine so große Bedeutung zu kommt und in welcem Maße diese mit dem Schulerfolg zusammenhängt.

5.1 Wieso Zweisprachigkeit fördern? Chancen & Grenzen früher Zweisprachigkeit im wissenschaftlichen Diskurs

Die im Titel dieses Unterkapitels formulierte Frage stellt sowohl ein fachlich als auch öffentlich diskutiertes Problem dar. Währenddessen Kompetenzen in den Bildungssprachen wie Englisch oder Französisch, die durch den Fremdsprachenunterricht an den Schulen vermittelt werden, als positiv und wünschenswert angesehen werden, wird es dagegen oft als problematisch erachtet, wenn Kinder bereits über mehrsprachige Kompetenzen in ihrer Herkunftssprache zu Beginn der Schullaufbahn verfügen.[173] Dies ist aber vor allem dann der Fall, wenn Kinder

> „die Landessprache [erst] im Kontakt mit ihrer weiteren Umgebung beim Spielen, im Kindergarten oder [...] in der Schule lernen oder wenn Familien in der Öffentlichkeit die Familiensprache von der Öffentlichkeitssprache getrennt gebrauchen. Grund dafür ist die oftmals vertretene Annahme, dass „der Gebrauch der Muttersprache/Herkunftssprache Türkisch, Italienisch, Spanisch usw. Als Familiensprache [...] von vielen Menschen als eine entscheidende Ursache für die offenkundig bei vielen Schülerinnen und Schüler mit Migrationshintergrund vorhandenen Schulprobleme angesehen [wird].“[174]

Auch auf den schulischen Kontext bezogen, überwiegt in der Öffentlichkeit der Zweifel, ob der Gebrauch der Herkunftssprachen im Unterricht in Schüler-Schüler- oder Schüler-Lehrer-Interaktionen zielführend sei. Sogar in Bezug auf Sprachfördermaßnahmen wie bspw. dem herkunftssprachlichen Unterricht be-steht Bedenken. „Dieser Unterricht verhindere den erfolgreichen Erwerb der Zweitsprache [...] und behindere die erfolgreiche gesellschaftliche Integration [...].“[175] Diese von der breiten Öffentlichkeit vertretenen und von den Printmedien beeinflussten, pauschalisierten Standpunkte stehen dabei entgegen den Ergebnissen fachwissenschaftlicher Diskussionen.

> „Hier überwiegt die Ansicht, dass eine Erziehung zur Mehrsprachigkeit generell - sofern sie professionell organisiert und praktiziert wird [...] keine Belastung, sondern vielmehr eine Bereicherung bedeutet [und] dass der Gebrauch der Herkunftssprachen im Unterricht [sowie der Herkunftssprachenunterricht] sich auf die sprachliche Entwicklung [...], also auch auf den Erwerb der Landessprachen - sowie den gesamten Schulerfolg außerordentlich positiv auswirken kann.“[176]

Auch hier lassen sich jedoch zwei wissenschaftliche Standpunkte finden. Einerseits wird davon ausgegangen, dass die frühe Zweisprachigkeit eine „überlegende Auffassungsgabe“ sowie „vielseitige Lernbereitschaft und Anpassungs-

---

[173] die Ausführungen beziehen sich auf Deutschland und sind nicht für den gesamten EU-Raum zu verstehen

[174] Siebert-Ott (2001: 5)

[175] Siebert-Ott (2001: 5)

[176] ebd.

fähigkeit" mit sich ziehen würde.[177] Andererseits äußern Skeptiker Bedenken, da die Möglichkeit einer Halbsprachigkeit oder Überforderung bestünde.[178] Welche möglichen Vor- und/oder Nachteile birgt eine frühe Zweisprachigkeit demnach aus wissenschaftlicher Perspektive?

Nach dem heutigen wissenschaftlichen Erkenntnisstand lässt sich keine der beiden Positionen bestätigen. Trotzdem konnte in wissenschaftlichen Untersuchungen gezeigt werden, dass „intelektuelle Fähigkeiten des Kindes die Geschwindigkeit [...] neuer Informationsverarbeitung" beeinflussen, so dass eine frühe Zweisprachigkeit positiven Einfluss hätte. Diese Korrelation besteht auch, obwohl kein „unmittelbarer Zusammenhang zwischen Zweisprachigkeit und Intelligenz nachgewiesen werden kann."[179] Durch die sich steigernde kognitive Leistungsfähigkeit, fällt es zweisprachig aufwachsenden Kindern auch leichter eine weitere, spätere Fremdsprache zu erlernen. Auch schon Meier (1988) kommt letztlich zu dem Ergebnis, dass frühe Zweisprachigkeit „unter günstigen Erwerbsbedingungen keine Überforderung darstellt", sondern aus entwicklungspsychologischer Sicht der Erwerb zweier Sprachsysteme eher als „kognitiver Stimulus"[180] verstanden werden kann, der die intelektuellen Fähigkeiten des Kindes fordert und fördert.[181]

Entgegen der von Skeptikern oftmals angeführten Auffassung, dass „erst die Beherrschung der Muttersprache für die Entwicklung des Kindes wichtig sei", kann nach heutiger Forschungslage festgehalten werden, dass „jedes durchschnittlich begabte Kind wohl mit zwei Sprachen fertig werden kann, wenn man die in ihm liegende Begrabung richtig anzusprechen weiß."[182] Eventuelle Ängste, wie das Auftreten einer Halbsprachigkeit (=Semilinguismus), können aus wissenschaftlicher Perspektive ausgeräumt werden, wenn Grundprinzipien

---

[177] vgl. Kapitel 4

[178] vgl. Nauwerck, P. (2005: 50)

[179] vgl. Nauwerck, P. (2005: 50f.)

[180] „die kognitive Perspektive entspricht im Wesentlichen den Argumenten der Interdependenz-Hypothesen, wie sie insbesondere auf Cummins zurückgehen." (Esser (2006: 372)). Diese nimmt dabei an, dass es einen Transfer von den Fertigkeiten in der Erstsprache auf den Erwerb der Zweitsprache und auf andere kognitive Leistungen gebe.

[181] vgl. Nauwerck, P. (2005: 52)

[182] vgl. Nauwerck, P. (2005: 51)

der zweisprachigen Erzeihung wie bspw. Sprachtrennung, Kulturwertschätzung, emotionaler Sprachbezug etc. beachtet werden.[183]
Es zeigt sich, dass mögliche Probleme „nicht von der frühen Zweisprachigkeitserziehung selbst [...] oder der Überforderung des Kindes“ rühren, sondern diese vielmehr durch „Konflikte zwischen zwei stark differierenden kulturellen Systemen“[184] entstehen, welche durch eine abschätzige Haltung der sozialen Umwelt noch verstärkt werden können.[185]
Gerade Kinder aus Familien mit sozial niedrigem Prestige weisen Probleme mit Zweisprachigkeit auf. Dies ist vor allem dann der Fall, wenn deren Familiensprache nicht die Sprache der Majorität ist und diese in dem jeweiligen Land kein hohes Ansehen genießt.[186] Häufig kommt es dann zu dem zuvor erwähnten Problem des Semilinguismus. Dies bedeutet, dass diese Kinder werder ihre Herkunftssprache, noch die Sprache, die in dem Land gesprochen wird in dem sie wohnen (Umgebungssprache), ausreichend beherrschen. Daran gekoppelt sind wiederum die schulischen Leistungen, welche in diesen Fällen, aufgrund des Fehlens ausreichender Sprachbeherrschung der Schulsprache, beachtlich schlechter ausfallen, als die der Gleichaltrigen monolingual aufwachsenden Muttersprachler.

5.2 Schulerfolg zweisprachiger Kinder

Wie die Ausführungen dieser Arbeit bereits dargestellt haben, besteht innerhalb der Forschung die geteilte Annahme, dass ein starker Zusammenhang zwischen der Beherrschung der Erstsprache un dem Erwerb der Zweitsprache besteht. Bislang existieren keine eingehenden Studien über einen etwaigen Kausalzusammenhang zwischen Erst- und Zweitsprache. Trotzdem kann gesagt werden, dass eine Korrelation durchaus besteht. Die Bedeutsamkeit steht dabei außer Frage. Durch die entsprechenden Förderungen bzw. Pflege

---

183 vgl. ebd.

184 ebd.

185 an dieser Stelle sei auf die Ausarbeitungen von Hamers/Blanc (1989) zur bi- und monokulturellen Zweisprachigkeit verwiesen

186 vgl. Vorherige Ausführungen

der Erstsprache können auch bessere Schulerfolge in der Zweitsprache des Ziellandes ermöglicht werden.[187]

Nach der Sprachwissenschaftlerin Ingrid Gogolin ist dabei jedoch die Art und Weise der Förderung maßgeblich. Sie vertritt die Ansicht, dass ein vom Regel-unterricht getrennter Herkunftssprachenunterricht zwar dazu führe, dass in der Herkunftssprache bessere Lernergebnisse verzeichnet werden können, dies jedoch nicht für die entsprechende Zweitsprache gilt. Dagegen führe neben eines kontinuierlichen Unterrichts vor allem die „didaktische Koordinierung von herkunftssprachlichem Unterricht und Zweitsprachenunterricht" zu positiven Lerneffekten in der Zweitsprache sowie damit zusammenhängend eine entsprechende „Implementierung schulsprachlicher Programme."[188] Gogolin führt dazu das Beispiel der Niederlande an. Am Beispiel von niederländischen Schulen und Studien konnte gezeigt werden, dass druch die Implementierung zweisprachiger schulischer Programme sozioökonomische Bildungsungleichheit teilweise ausgeglichen und zugleich Akzeptanz und Unterstützung gefördert werden konnte. Aber auch amerikanische Studien konnten aufzeigen, dass zweisprachige Schulmodelle am erfolgsversprechendsten sind, wenn diese den Unterricht kontinuierlich in beiden Sprachen anbieten. Die Leistungen in der zweitsprache sowie die jeweiligen fachlichen Kompetenzen sind dabei deutlich höher, als in monolingualen Unterrichtsmodellen, welche zwar ebenfalls einen ANstieg der Zweitsprachenkompetenz anfangs zeigen, dieser Leistungsanstieg sich jedoch im Laufe der Zeit auf ein gewisses Niveau einstellt.[189]

Es besteht weiterhn eine Korrelation zwischen Sprachförderung und Fach-leistungen. Dies ist dabei mit einem über mehrere Jahre verfolgten fach-bezogenen Unterricht in der Erstsprache verknüpft. Dahinter steht die Annahme, dass der Weg zur Bildungssprache mitunter bedeutsam für den generellen Bildungs- bzw. Integrationserfolg sei.[190] Im Umkehrschluss bedeutet dies eine starke Gewichtung der didaktischen sowie curricularen Gestaltung des jeweiligen (Fach-)Unterrichts. Dieser soll nach Gogolin so gestaltet sein, dass nicht nur eine Sprachförderung im Sinne der Vermittlung der „Sprache an

[187] vgl. Esser (2006: 371-399)

[188] Gogolin, I. (2008: 45)

[189] ebd.

[190] vgl. Gogolin, I. (2008: 46)

sich" stattfindet, sondern Schülerinnen und Schüler vielmehr auf die vielseitig anspruchsvollen Kommunikationssituationen des Fachunterrichts vorbereitet werden. Die Auseinandersetzungen mit fachlichen Inhalten soll dabei in beiden Sprachen erfolgen.[191]

Als einen letzten Punkt darf die sprachliche als auch fachliche Kompetenz von Lehrerinnen und Lehrern nicht vergessen werden. Diese ist zu großen Teilen, neben der jeweiligen Unterrichtsdauer sowie der innerschulischen Organisation, für einen erfolgreichen zweisprachig organisierten Unterricht maßgebend.[192] Umso wichtiger erscheint es, die Sprachbildungsmaßnahmen beider Länder nun genauer zu betrachten.

5.3 Sprachbildungsmaßnahme im Vergleich

Wie Kapitel 2.1.4 bereits gezeigt hat, sind die Einwanderungsgruppen beider Länder zwar nicht identisch, dennoch kennzeichnet beide Länder eine Vielfalt an Zuwanderungsländern, die somit auf eine breite Vielfalt an verschiedenen Herkunftssprachen rückschließen lässt, so dass Schweden als auch Deutschland mit ähnlichen sprachlichen Herausforderungen konfrontiert sind. Da das schwedische Bildungssystem bei der Diskussion um sprachliche Bildung und Förderung von Kindern mit Migrationshintergrund im europäischen Ländervergleich als skandinavischer Vorreiter seither eine besondere Rolle spielt, soll der folgende länderkonstrastive Vergleich die Sprachbildungsmaßnahmen beider Länder aufschlüsseln, um mögliche Gemeinsamkeiten und Unterschiede auf der Schulebene aufzeigen zu können. Trotz des Abstiegs des einstigen Vorzeigelands ins internationale Mittelfeld, welches bereits die PISA-Ergebnisse im Jahr 2006 dokumentierten[193], kennzeichnet sich das schwedische Schulwesen durch eine grundlegend unterschiedliche Ausrichtung aus[194], die eventuell nützlich für Anstöße von Strukturierungsmaßnahmen im deutschen Schulwesen sein können. Doch bevor es um die konkrete Gegenüberstellung geht, muss vorab eine begriffliche Differenzierung erfolgen, um möglichen

---

[191] vgl. Gogolin, I. (2008: 47)

[192] vgl. Gogolin, I. (2008: 47f.)

[193] OECD (2010)

[194] vgl. Kapitel 3

Missverständnissen vorzubeugen. Wie Kapitel 4 bereits gezeigt hat, wird der individuelle Spracherwerb auch begrifflich differenziert und je nach Bedeutungsdimension durch Fachtermini voneinander abgegrenzt. Diese Unterscheidung ist in einigen Fällen notwendig, da die Begriffe je nach individuellem Spracherwerb bedeutungsunterscheidend sein können. Da oftmals von muttersprachlichem Unterricht im Kontext von herkunftssprachlicher Förderung die Rede ist, sollte nicht der fälschliche Schluss gezogen werden, dass die Begriffe Herkunfts- und Muttersprache Synonyme darstellen. Die Herkunftsfrage stellt sich besonders dann, wenn Kinder ehemaliger Migranten in einem Land in zweiter oder dritter generation geboren werden. Diese Problematik wird, wie sich noch zeigen wird, gerade im schwedischen Bildungssystem bei der Förderung der „hemspråk“ explizit berücksichtigt. Das Herkunfts- und Muttersprache dennoch oftmals zusammenfallen können, soll an dieser Stelle nicht weiter ausgeführt werden. Aus diesem grund werde ich in der folgenden Darstellung von Herkunftssprachen (Im Sinne einer von der Umgebungssprache differierenden Erst- bzw. Mutter/Familiensprache) sprechen, welche im „muttersprachlichen“ bzw. Herkunftssprachenunterricht gelehrt und gefördert wird.

5.3.1 Vorschulische Sprachförderung

5.3.1.1 Vorschulische Sprachförderung in Schweden

Bereits ab der Vorschule wird im schwedische Bildungssystem die durch Migrationsprozesse bedingte Multikulturalität der Schülerschaft berücksichtigt. Kinder werden ab dem Elementarbereich bei der Ausbildung einer multikulturellen Identität unterstützt. Wie die Friedrich Ebert Stiftung am Beispiel der schwedischen Großstadt Malmö aufgezeigt hat, stellt die kulturelle Vielfalt ein wichtiges zukünftiges Modell für Schweden dar.[195]

> „Kindertagesstätten und Kindergärten üben dieselbe pädagogische Tätigkeit aus; sie stellen eine Einheit dar. Der Unterschied ist organisatorischer Art. Die Nachfrage nach Plätzen in diesen Betreuungsstätten steigt ständig an, u.a. deshalb, weil die Eltern die Bedeutung des Vorschulunterrichts für die Entwicklung hrer Kinder einsehen.“[196]

---

[195] da die Stadt Malmö mit Göteborg und Stockholm das Trias der schwedischen Großstädte bildet, bietet sich eine Querverbindung, im Sinne der Betrachtung einer weiteren Großstadt, durchaus an

[196] Orring, J. (1967: 34)

Von den 277.000 in Malmö lebenden Menschen, wurde gut ein Viertel im Ausland geboren, so dass die Multikulturalität der Stadt allein durch 169 verschiedene Nationalitäten und 147 in der Schule unterrichtete Sprachen sich deutlich abzeichnet.[197]

Mit dem 1998 neu eingeführten Curriculum für die Erziehung im Elementarbereich, hat Schweden auch ein Mehrsprachigkeitsprogramm[198] für die Vorschule eingegliedert. Ziel des Curriculums ist es, Kinder mit Migrationshintergrund sowohl in ihrer Herkunftssprache zu fördern als auch simultan die sprachlichen Kompetenzen in der schwedischen Sprache weiterzuentwickeln, so dass eine Verbesserung in beiden Sprachen letztlich stattfindet. Dazu wird für Schülerinnen und Schüler mit Migrationshintergrund Unterricht in insgesamt 13 verschiedenen Herkunftssprachen angeboten. Des Weiteren erhalten diese Kinder einmal pro Woche Einzel- bzw. Kleingruppenunterricht. Der Unterricht in *Schwedisch als Zweitsprache* findet ebenfalls in der jeweiligen Herkunftssprache statt. Durch die Einführung bilingualer Curricula sollen Kinder letztlich auch im schwedischsprachigen Regelunterricht gefördert werden. In Malmö arbeiten daher insgesamt 176 muttersprachliche Lehrerinnen und Lehrer, wovon 28 allein im Vorschulbereich tätig sind. Ausländische Kinder haben ein Anrecht auf Förderung in ihrer Herkunftssprache.

Schweden hat die Bedeutsamkeit und Möglichkeiten des Elementarbereichs erkannt und versucht durch ein neues „Education&Care-System“ die Bereiche Bildung, Erziehung und Kinderbetreuung in Einklang zu bringen. In der Konzeption sollen mögliche sprachbedingte Defizite bei Kindern bereits im Vorschulalter ermittelt und die sprachlichen als auch kognitiven Kompetenzen gefördert werden. Übergeordnetes Ziel ist den Integrationsprozess zu fördern.

> „Die Kinderbetreuung soll die doppelte kulturelle Zugehörigkeit der Kinder und ihre Möglichkeiten zur Entwicklung einer aktiven zweisprachigkeit unterstützen.“[199]

Dazu soll durch kleinere Lehrerteams die Qualität des Unterrichts pro Lerngruppe steigen. Bislang sind diese pädagogischen Überlegungen jedoch nur im

---

197 vgl. Friedrich Ebert Stiftung (2008: 10ff.)

198 Mehrsprachigkeit ist im Folgenden als sprachliche Kompetenz in der Herkunftssprache und zweitsprache zu verstehen

199 Svenska Institut (2005: 3)

vorschulischen Bereich zum Tragen gekommen, obwohl sie ebenfalls für die Regelschule gelten sollten.[200]

5.3.1.2 Vorschulische Sprachförderung in Nordrhein-Westfalen

Auch in Deutschland gab es in den letzten Jahren viele Reformierungen im Bereich der Sprachförderung. Aufgrund der bereits oftmals angesprochenen Kulturhoheit der Länder, sollen im Folgenden vor allem die Regelungen des Bundeslandes Nordrhein-Westfalen (NRW) betrachtet werden.

Durch die Vorverlegung der Anmeldung für die Grundschule auf den vorletzten Monat des jeweiligen Vorjahres, wurde im Jahr 2004/2005 in NRW erstmalig ein weitreichender Schritt in Sachen Sprachstandsfeststellung unternommen. Grund für diese Vorverlegung ist die dadurch eingeräumte Möglichkeit, dass Kinder mit nicht ausreichenden deutschen Sprachkenntnissen noch vor Beginn der Grundschulzeit an einem sechsmonatigem Sprachförderkurs teilnehmen können. Dies gilt sowohl für deutsche Kinder, als auch für Kinder, die eine andere Herkunftssprache haben.[201] Dazu wird im Rahmen eines Gespräches die „Sprachfähigkeit jedes [zukünftigen] Grundschulkindes überprüft."[202] Um den Sprachstand der Kinder erheben zu können, wurde im Jahr 2007 ein für das Land einheitliches Konzept verpflichtend eingeführt. Der Sprachtest „Delfin4" dient als Instrument der Sprachstandserhebung für alle vierjährigen Kinder. Durch das Vorverlegen dieses Tests wird eine Frühdiagnostik verfolgt, die gezielte Sprachfördermaßnahmen[203] noch in der Kindergartenzeit ermöglichen soll.[204] Die Reformmaßnahmen zeigen, dass auch hier zu Lande die Bedeutung und das Potenzial vorschulischer Sprachförderung erkannt wurde. Dazu das Ministerium Familie, Kinder, Jugend, Kultur und Sport NRW:

---

[200] vgl. Friedrich Ebert Stiftung (2008: 10ff.)

[201] http://www.bildungsserver.de/innovationsportal/bildungplus.html?artid=360

[202] http://www.bildungsserver.de/Nordrhein-Westfalen-Sprachdiagnostik-und-Sprachfoerderung-im-Elementarbereich--2346.html

[203] auf die einzelnen Sprachförderprogramme wird aufgrund der Vielfalt hier nicht näher eingegangen

[204] http://www.schulministerium.nrw.de/BP/Schulsystem/Schulformen/Grundschule/Sprachstand/Sprachstandsfeststellung_zwei_Jahre_vor_der_Einschulung/index.html

> „In den ersten Lebensjahren vor der Einschulung lernen Kinder Tag für Tag Neues. Ihre Fortschritte werden deutlich sichtbar. Sprache spielt in diesem Prozess eine wichtige Rolle. Sichere deutsche Sprachkenntnisse und eine gute Sprachfähigkeit sind für Kinder die grundlegende Voraussetzung für den späteren Erfolg in Schule und Beruf. Sprache ist der Schlüssel zur Integration. Dies gilt für alle Kinder und in besonderer Weise für Kinder mit Zuwanderungsgeschichte."[205]

Da fast jedes zehnte Kind Sprachförderbedarf vor der Grundschulzeit aufweist, versucht das Land NRW seitdem eine „flächendeckende vorschulische Sprachförderung"[206] umzusetzen. Dazu wurden im Jahr 2004 insgesamt 36.000 vorschulische Sprachförderkursplätze in NRW vergeben. Diese Fokussierung auf vorschulische Deutsch-Sprachförderkurse hat zur Folge, dass der herkunftssprachliche Unterricht aufgrund der Finanzierung im Rahmen des Haushaltsbudget verringert wurde. Konkret bedeutet dies, dass im Jahr 2003 der Herkunftssprachenunterricht insgesamt 886 Stellen umfasste. Zudem wurde die vorgeschriebende Mindestgröße zur Etablierung einer Herkunftssprachen-Lerngruppe angehoben, was größere Lerngruppen und weniger Lehrkräfte pro Lerngruppe zur Folge hat und Minoritätssprachen unberücksichtigt lässt.[207]
Insgesamt zeigt sich, dass Sprachförerung in der Zweitsprache Deutsch im Elementarbereich auch in Deutschland bzw. im Land NRW eine wichtige Rolle spielt. Inwieweit die Sprachförderung im Sinne einer koordinierten Förderung von Herkunfts- sowie Zweitsprache erfolgt, bleibt fraglich. Durch den extrahierten Zweitsprachenunterricht in gesonderten Sprachförderkursen sowie den Abbau von herkunftssprachlichem Unterricht, zeigt sich ein eher rückläufiges Bild, dass in Einkland mit den zuvor dargestellten Ergebnissen der in Deutschland fehlenden integrierenden Mehrsprachigkeitsförderung steht. Die nach Gogolin wichtige Verknüpfung von Herkunftssprache und Zweitsprache wird durch Exklusion und Separierung jedenfalls nicht verfolgt. Dies ist vor allem dann als kritisch zu betrachten, wenn nach der vorschulischen Sprachförderung die Kinder mit einem monolingual ausgerichteten Schulsystem konfrontiert werden. Vereinzelt besteht jedoch die Möglichkeit einen bilingualen Kindergarten zu besuchen. Diese kennzeichnen sich jedoch dadurch, dass neben der deutschen Sprache eine weitere *Bildungssprache* (wie Englisch oder Franzö-

---

205 http://www.mfkjks.nrw.de/kinder-und-jugend/kinder-in-nrw/sprachfoerderung.html

206 http://www.bildungsserver.de/innovationsportal/bildungplus.html?artid=360

207 vgl. ebd.

sisch) erlernt werden soll und es sich somit eher um den spielerischen Erstkontakt mit einer ersten Fremdsprache handelt. Für Kinder, die bereits von zu Hause eine zweite Sprache mitbringen, gibt es leider kaum eine Chance (bis auf Kindergärten in Grenzgebieten) einen bilingualen Kindergarten zu finden, der beide Sprachen gleichermaßen fördert.

5.3.2 Herkunftssprachenunterricht und Zweitsprachenunterricht

5.3.2.1 Hemspråksundervisning an schwedischen Schulen

Insgesamt ist die Politik und das Angebot an Hemspråksunterricht in Schweden heute gut ausgebaut. Wie Luchtenberg (1994) schon darstellte, ist „kaum ein anderes Land so rigoros für das Recht auf muttersprachlichen Unterricht eingetreten."[208] Dies liegt vor allem an den bereits früh ergriffenen Maßnahmen zur Förderung der Herkunftssprache, welches als Ergebnis einer langen Auseinandersetzung seit der umfangreichen Immigration um 1965 angesehen werden kann.[209] Die bereits frühe Erkenntnis der Bedeutung der Herkunftssprache, als maßgeblicher Einflussfaktor auf die Sozialisation und den Spracherwerb, stand auch aus sozialpolitischer Sicht mit dem Integrationsgedanken in Einklang. So kam es dazu, dass bereits in den 1970er Jahren ein *aktiver Bilingualismus* eines der politischen Ziele innerhalb der Erziehung von Migrantenkindern darstellte[210], welcher 1977/1978 im Rahmen der *hemspråk-Reform*[211] als Recht aller Schülerinnen und Schüler auf herkunftssprachlichen Unterricht[212] verankert wurde.

Voraussetzung, um an dem freiwilligen Herkunftssprachenunterricht teilnehmen zu können, ist, dass mindestens ein Elternteil eine andere *Muttersprache* als

---

208 Luchtenberg, S. (1994: 107)

209 von der monolingualen Gesellschaft zur multikulturellen Industriegesellschaft

210 dies stimmt mit dem Punkt der bereits früh entwickelten Integrationskonzepte überein (vgl. Kapitel 2)

211 *hemspråk* (wörtl. Heimsprache) ist ein Neologismus, der im Zusammenhang mit der Reform des muttersprachlichen Unterrichts für Migrantenkinder enstanden ist. Der alte Begriff *modersmål* (dt. Muttersprache) hat sich nicht durchsetzen können, weil dieser nach schwedischem Verständnis mit dem Schulfach Schwedisch verwechselt werden könnte

212 herkunftssprachlicher Unterricht bedeutet Unterricht bspw. in Dänisch, nicht aber Unterricht in anderen Fächern wie den Naturwissenschften mit Dänisch als Unterrichtssprache (vgl. Kapitel 5.3.1)

Schwedisch spricht.[213] Zudem sollen laut Vorgaben die hemspråk-Lerngruppen aus mindestens fünf Schülerinnen/Schülern bestehen. Im Jahr 1985 wurde das Recht, die Bedingungen als auch die Ziele des *hemspråksundervisning* sowohl für die Vor- und Pflichtschule, als auch für die freiwillige *gymnasieskola* ausgeweitet.[214] Die „Wertschätzung der Muttersprachen und Kulturen“[215] wird somit durch das Angebot an Herkunftssprachenunterricht zunehmend gezeigt. Nach Luchtenberg (1994) entsteht so an schwedischen Schulen ein vielfältiges Angebot an Herkunftssprachenunterricht mit teilweise mehr als 34 Muttersprachen bei ca. 1000 Schülerinnen und Schülern. Wichtig ist zu berücksichtigen, dass die gelehrte Sprachen im Herkunftssprachenunterricht nicht die Nationalsprachen der jeweiligen Herkunftsländer ausmachen, sondern die von mindestens einem Elternteil aktiv gesprochene Sprache (bspw. Kurdisch uch für türkische Kinder, wenn diese Kurdisch als „Muttersprache“ sprechen).[216]

Verantwortlch für die Durchführung und Organisation des Herkunftssprachenunterrichts sind die einzelnen Kommunen. Falls es der Kommune jedoch nicht möglich ist, eine entsprechend geeignete Lehrkraft zu finden, ist diese nicht verpflichtet den Unterricht als Fach anzubieten. In diesen Fällen tritt die zentrale Schulbehörde ein und organisiert für Schülerinnen und Schüler kleinerer Sprachminoritäten Wochenendunterricht oder Sommerkurse, um dem Recht auf „muttersprachlichen“ Unterricht nachzukommen.[217]

Nach Reich (1996) sei zu betonen, dass „die Breite des Angebots [an Herkunftssprachenunterricht] das schwedische Bildungssystem markant von anderen europäischen Staaten unterscheidet.“[218] Inhaltlich geht es vor allem um das Erlernen einer umfassenden sprachlichen Kompetenz in der jeweiligen Sprache. Dazu gehören neben der Literatur auch die jeweilige Fachsprache. Einen nicht weniger wichtigen Punkt stellt die „Beschäftgung mit der Herkunftskultur“[219] dar. Diese trägt dazu bei, dass sich die Schülerinnen und Schüler mit

[213] vgl. Luchtenberg, S. (1994: 110)

[214] vgl. Reich, H. (1996: 51ff.)

[215] vgl. Reiß-Held, S. (2004)

[216] vgl. Luchtenberg, S. (1994: 110); vgl. Ausführungen zu Beginn des Kapitels 5.3

[217] vgl. Belke, G (1985: 317)

[218] vgl. Reich, H. (1996: 75)

[219] Luchtenberg, S. (1994: 112)

ihrer doppelten kulturellen Identität auseinandersetzen, um sich letzlich als Mensch mit mehreren Sprachen und Kulturen zu erfahren. Dies wiederum hat eine positive Wirkung auf das Selbstbewusstsein und die Motivation der Schülerinnen und Schüler.[220]

Das Lehrpersonal für den Herkunftssprachenunterricht kann sowhol aus dem jeweiligen Land der unterrichteten Sprache kommenm als auch schwedischer Staatsbürger mit einem absolvierten Studium der zu vermittelnden Sprache sein. Für den Herkunftssprachenunterricht ist zudem keine Lehrerqualifikation (*behörighet*) zwingend erforderlich. Durch die unterschiedliche schulische Organisation des Herkunftssprachenunterrichts in Schweden, arbeiten die Lehrkräfte des Herkunftssprachenunterrichts teilweise an mehreren Schulen. Daher muss die Planung mit den Schülerinnen und Schülern als auch mit den Eltern sowie der Schulleitung abgesprochen sein. „Dabei sollen die Bedürfnisse der Schüler und die Wünsche der Eltern im Vordergrund stehen."[221] Generell kann der Unterricht in der Herkunftssprache „im Rahmen des persönlichen Wahlpflichtfachs, des Sprachwahlplichtfachs, des Wahlfachs der Schule oder außerhalb des studenplangebundenen Unterrichts [im Nachmittagsbereich]"[222] erfolgen. Das breite Angebot an herkunftssprachlichem Unterricht wurde jedoch auch oftmals diskutiert. Vor allem unter finanziellen Aspekten stellte der Herkunftssprachenunterricht ein politisch brisantes Thema dar. Ähnlich wie in der aktuellen Debatte in Deutschland wurde gesellschaftspolitisch die Frage thematisiert, „ob anstelle des Ausbaus der Herkunftssprache verstärkt der Ausbau von Schwedisch als Zweitsprache vorgenommen werden solle."[223] Auch Reich konnte im beobachteten Zeitraum bereits die gleichen unterrichtskonzeptionellen Veränderungen beobachten.[224] Er machte Tendenzen aus, die von der eigentlichen Konzeption nach der *hemspråkreform* der 1970er Jahre abweichen. Herkunftssprachenunterricht findet zunehmend als zusätzlicher Unterricht neben anderen Fächern statt und entspricht weniger einem regulären Unter-

---

[220] Belke, G. (1985: 316)

[221] Belke, G. (1985: 316)

[222] Löser, J. (2011: 206)

[223] Löser, J. (2001: 205)

[224] wie bereits im Rahmen der Ausarbeitungen der Bundesbeauftragten für Ausländerfragen im Jahr 2001 festgestellt wurde, zeigt sich eine Veränderung in der organisatorischen Ausführung sowie im Angebot an herkunftssprachlicher Förderung in Schweden (vgl. Kapitel 2.2)

richt, welcher gleichwertig neben anderen Unterrichtsfächern läuft.[225] Die durchschnittliche Unterrichtszeit beträgt nach Reich dabei zwei Stunden pro Woche.[226]

Durch den Nutzen der Herkunftssprache für die Ausbildung einer kulturellen Identität sowie die vorteilhafte Rolle im Zweitspracherwerb, fand man in Schweden einen Konsens im Einbezug der Herkunftssprache in der Pflichtschule (unter den zuvor beschriebenen Möglichkeiten) mit einer Fokussierung auf die Förderung von Schwedisch als Zweitsprache.

5.3.2.2 Förderung der Zweitsprache in Schweden

Das Erlernen der Zweitsprache, in diesem Falle Schwedisch, stellt für die Ausbildung einer funktionierenden Zweisprachigkeit eine Notwendigkeit dar. Dies spiegelt sich vor allem in der „Bewältigung von Alltagssituationen“[227] wieder. Aus diesem Grund wird seit der Einwanderung um 1965 kostenloser Schwedischunterricht für Einwanderer angeboten. Der anfangs noch eher unstukturierte Unterricht verbesserte sich zunehmend, welches unter anderem auch an verabschiedeten Gesetzen lag, die Arbeitskräfte aus dem Ausland das Recht einräumten, im Umfang von 240 Stunden Schwedischunterricht zu erhalten.[228] Somit änderte sich auch zunehmend die pädagogische Situation, so dass es 1971 erstmals einen Lehrplan für den Zweitsprachenunterricht gab.

Laut schwedischem ehrplan (läroplan 1980) ist *Schwedisch als Zweitsprache* darauf ausgerichtet, alle „teilnehmenden Schüler und Schülerinnen zur vollen [Sprach-]Kompetenz [in der Zweitsprache], entsprechend der monolingual schwedischen Kinder, zu führen.“[229] Weist ein Schüler mit Migrationshintergrund demnach nur unzureichende Schwedischkenntnisse auf, erfolgt die Teilnahme am „Schwedisch als Zweitsprache“-Unterricht, welcher in der Regel anstelle des regulären Schwedischunterrichts stattfindet. Anders als der herkunftssprachliche Unterricht, ist der Zweitsprachenunterricht in Schwedisch

---

[225] vgl. Reich, H (1996: 70ff.)

[226] vgl. de Cillia, R. (1998: 262): Schweden

[227] Günther/Günther (2004: 58)

[228] vgl. Pupuni, G. (2002: 24)

[229] Luchtenberg, S. (1994: 115)

für Einwanderer Pflicht. Dies bedeutet, dass Einwandererkinder, die über keinerlei Kenntnisse der schwedischen Sprache verfügen, am „Schwedisch als Zweitsprache“-Unterricht teilnehme müssen.

Es lassen sich dabei verschiedene schulorganisatorische Formen, sogenannte *besondere Klassenformen* ausmachen, in denen Kinder mit Migrationshintergrund in Hinblick auf die Förderung der Herkunfts- als auch der Zweitsprache unterrichtet werden. Dazu gehören unter anderem die *Vorbereitungsklassen*, die Schülerinnen und Schüler besuchen, wenn die Schwedischkenntnisse noch nicht ausreichen, um am Regelunterricht teilzunehmen (wie bspw. bei neu angekommenen Einwandererkindern). In diesen Klassen wird in der Regel zwei Jahre Schwedisch als zweitsprache unterrichtet und die anderen Fächer in der jeweiligen Herkunftssprache. Danach nehmen die Kinder am „Schwedisch als Zweitsprache“-Unterricht oder regulären Unterricht teil. Neben diesen Klassen existiert eine zweite möglich Form: die *Muttersprachenklassen*[230] (*hemspråk-klasser*). In diesen sprachhomogenen Lerngruppen ist die jeweilige Herkunftssprache in den unteren Klassenstufen noch die Unterrichtssprache. Schwedisch als zweitsprache wird kontinuierlich gelehrt und soll zunehmend in höheren Klassenstufen die herkunftssprache als Unterrichtssprache ablösen. Beide Sprachen werden demnach als Unterrichtsfach, als auch als Medium des Unterrichts verwendet. Diese Unterrichtsorganisation kann als eine Art bilinguales Übergangsmodell verstanden werden. Die dritte Organisationsform stellen die *zusammengesetzten Klassen (sammansatta klasser)* dar. Diese Klasse besteht zu gleichen Teilen aus monolingualen, schwedischen Schülerinnen und Schülern und gemeinsamen *hemspråk*-Schülern. In dieser Klassenform unterrichten zwei Lehrkräfte. Oftmals wird auch von einer „bilingualen Begegnungsklasse“ gesprochen, da auch das interkulturelle Lernen durch die grundlegende Konzeption dieses Unterrichtes berücksichtigt wird.[231]

Wichtig ist dabei, dass die Schüler zu jeder Zeit eigenverantwortlich und selbstständig arbeiten als auch entscheiden. In welchen Fächern sie also letztlich im Verband der Regelklasse teilnehmen wollen, entscheiden die Schülerinnen und Schüler in Absprache mit der Lehrkraft selbst. Die Ziele des regulären Schwedischunterrichts gelten in gleichem Maße auch für den Unterricht in

---

[230] nach de Cillia, R. (1998: 262f.): Schweden

[231] vgl. ebd.

Schwedisch als Zweitsprache. Jedoch wird in Letzerem auf die besonderen Ausgangsbedngungen verstärkt eingegangen, was sich in einer unterschiedlichen Methodik widerspiegelt. Übergeordnetes Ziel ist dabei, durch gute Sprachkenntnisse später in den regulären Schwedischunterricht zu wechseln.[232]

Eine weitere Besonderheit des schwedischen Modells ist, dass neben des Herkunftssprachenunterrichts zusätzliche Förderung in der Herkunftssprache erfolgen kann, falls ein Kind ergönzende sprachliche Unterstützung benötigt, um den Inhalten des Regelunterrichts folgen zu können. Dabei wird dem Kind der Lerninhalt in bestimmten Unterrichtsfächern in der Herkunftssprache erklärt. Diese Maßnahme stellt eine weitere strukturelle Unterstützung im Rahmen des Zweitspracherwerbs dar.[233]

In der Gesamtbetrachtung bindet das schwedische Schulwesen die Herkunftssprache als auch die Zweitsprache in vielerlei Hinsicht ein und bietet im Rahmen des schulischen Unterrichts verschiedenste Umsetzungsmöglichkeiten an. Durch die relativ offene Ausgestaltung der Angebotsform des Unterrichts, lassen sich zunehmend Tendenzen feststellen, die das Ziel verfolgen, Schülerinnen und Schülern mit wenigen Sprachkenntnissen nicht in spezielle Klassen zu separieren, sondern sie in regulären Klassen gezielt und individuell zu fördern, um somit einer *aktiven Zweisprachigkeit* näher zu kommen.[234]

Schwedisch als Zweitsprache stellt ein eigenes Fach dar und berechtigt, wie der reguläre Schwedischunterricht, zum Studium der schwedischen Sprache an Hochschulen.[235]

5.3.2.3 Herkunftssprachenunterricht in Deutschland

Im Gegensatz zur multikulturellen Ausrichtung Schwedens, ist die deutsche Mehrheitsgesellschaft bis heute traditionell monolingual ausgerichtet. Wie das erste Kapitel dieser Arbeit jedoch bereits gezeigt hat, ist Migration auch in Deutschland ein entscheidendes Thema und kann nicht geleugnet werden. In

---

232 vgl. ebd.

233 vgl. Löser, J. (2001: 206)

234 vgl. ebd.

235 vgl. Pupuni, G. (2002: 24ff.)

Bezug auf die Schule hat Neumann (1995) in den 1990er Jahren bereits feststellen können, dass ca. 1 Million Kinder einen Migrationshintergrund aufweisen.[236] Leider ist die Beschulung von Kindern mit Migrationshintergrund in Deutschland nicht einheitlich geregelt, da Schulangelegenheiten (wie bereits angesprochen) im Rahmen der Kulturhoheit Ländersache sind. Daraus gehen verschiedene Regelungen hervor, die je nach Bundesland unterschiedlich ausfallen.[237] Das Grundgesetz macht in dieser Hinsicht auch keine einheitlich, gesamtdeutsche Vorgaben. Es lässt sich jedoch „das Recht auf chancengleiche schulische Bildung für ausländische Kinder ableiten."[238] Ein gesamtdeutsches Grundmaß an Einheitlichkeit, zumindest auf inhaltlicher Ebene, wird dabei durch die ständige Kultusministerkonferenz (KMK) der einzelnen Bundesländer gegeben. In den Vereinbarungen der KMK wurde durch eine Richtlinie vereinbart, dass „ausländische SchülerInnen in allen Punkten den deutschen SchülerInnen gleichgestellt" sind.[239] Dies bedeutet, dass herkunftssprachlicher Unterricht ebenfalls flächendeckend erteilt werden soll. In welcher Form dies stattfindet, bleibt dabei jedoch offen. Problematisch ist zudem, dass diese Zusprechungen aufgrund von länderspezifischen Regelungen nicht für Flüchtlingskinder im Allgemeinen gelten. Der herkunftssprachliche Unterricht verfolgt ebenfalls das Ziel der *aktiven Zweisprachigkeit*, findet dabei größtenteils in integrativen Modellen statt und wird dabei in irgendeiner Form in den Regelunterricht miteingeschlossen. Die Unterteilung in *zweisprachige Klassen*, in welchen Kinder mit Minderheitensprachen getrennt beschult werden (segregative Beschulungsformen), findet sich bis auf in Bayern kaum mehr wieder und ist auch dort eher ein Auslaufmodell.[240] Die bereits im schwedischen System vorgestellten unterschiedlichen Formen der Realisierung des muttersprachlichen Unterrichts durch Regelklassen (mit zusätzlichem herkunftssprachlichem Unterricht), integrierte zweisprachige Klassen sowie Übergangsklassen finden sich

---

[236] de Cillia, R. (1998: 268) Deutschland; exemplarisch für das Ruhrgebiet, als Teil von NRW konnte dies innerhalb der SPREEG-Studie ebenfalls aufgezeigt werden - vgl. Dazu Baur/Chlosta (2004)

[237] aus diesem Grund wird sich im Folgenden vor allem auf die Darstellung der Regelungen des Landes NRW konzentriert

[238] de Cillia, R. (1998: 268): Deutschland

[239] ebd.

[240] vgl. Thürmann, E. (1995: 101)

auch im bayrischem Schulsystem wieder.[241] Eine im schwedischen System nicht vozufindende Regelung ist die Unterscheidung einzelner Bundesländer in der inhaltlichen Organisation, der unterrichtlichen Planung und der schulischen Durchführung des herkunftssprachlichen Unterrichts. Diese obliegen in einigen Bundesländern den jeweiligen Herkunftsländern, in anderen wiederum der jeweiligen Behörde des Bundeslandes.

Für das Land Nordrhein-Westfalen gilt, dass die „finanzielle als auch organisatorische Verantwortung [bei den] deutsche[n] Behörden" liegt.[242] Der Herkunftssprachenunterricht findet überwiegend als freiwilliger Ergänzungsunterricht im Nachmittagsbereich statt und wird in der Primarstufe sowie Sekundarstufe I in NRW durch die Schulaufsicht geregelt. Zu beobachten ist jedoch, dass die Partizipation an dieser Unterrichtsform, durch andere wählbare schulische Formen wie bspw. bilinguale Schulen oder durch die Option die Herkunftssprache als Fremdsprache zu wählen, rückläufig wird.[243] Hessen stellt dabei das einzige Bundesland mit verpflichtendem Herkunftssprachenunterricht dar. Dieser ist versetzungsrelevant und somit mit dem Regelunterricht gleichgestellt, währenddessen in den neuen Bundesländern kein Herkunftssprachenunterricht angeboten wird.[244] Es zeigen sich also deutliche Unterschiede zwischen den einzelnen Bundesländern.

Insgesamt stellt Nordrhein-Westfalen dabei in der Literatur ein wichtiges Land bei der Umsetzung integrativer Formen der meinsamen Beschulung dar. Dies liegt vermutlich auch an der Möglichkeit die Herkunftssprache als „schulische Fremdsprache durch Sprachfeststellungsprüfungen anerkennen zu lassen."[245] Dies deckt sich auch mit der Ausarbeitung der Beauftragten der Bundesregierung für Ausländerfragen. In dem veröffentlichten Länderüberblick wird für das Land Nordrhein-Westfalen im Bereich der Mehrsprachigkeit folgendes formuliert:

---

241 vgl. Dazu die Aufführungen von Sofos, A. (Internetlink)

242 de Cillia, R. (1998: 269): Deutschland

243 vgl. Beauftragte der Bundesregierung für Ausländerfragen (2001: 27ff.): NRW

244 ebd.

245 ebd.

> „Für Schülerinnen der Grundschule und der Sekundarstufe I ist muttersprachlicher Ergänzungsunterricht vorgesehen, der unter der nordrhein-westfälischen Schulaufsicht steht. Allerdings sind die Teilnehmerzahlen seit der zweiten Hälfte der 80er Jahre rückläufig, da sich immerm ehr Schülerinnen für andere Formen des Unterrichts in diesen Sprachen entscheiden, z.B. In bilingualen Schulen, als Fremdsprachen oder ansteller einer Pflichtfremdsprache.“[246]

Auch die bereits im schwedischen Modell vorgestellten Vorbereitungsklassen tauchen in den Regelungen Nordrhein-Westfalens auf:

> „Zunächst sollen in Vorbereitungsklassen innerhalb von zwei Jahren ausländische Kinder ohne ausreichende Sprachkenntnisse so geschult werden, dass ein Übertritt in Regelklassen möglich ist. In national homogenen Klassen kann auch auf die Muttersprache zurückgegriffen werden. Ausländische LehrerInnen können zu fünf Wochenstunden eingesetzt werden. [...] Für AusländerInnen, die als SeiteneinsteigerInnen während des Schuljahres eintreffen, können Auffangklassen gebildet werden.“[247]

Getrennter Unterricht kann zeitweise bei hohem AusländerInnenanteil in Regelklassen erfolgen. Darüber hinaus ist „muttersprachlicher Ergänzungsunterricht“ vorgesehen. Das *Krefelder Modell* stellt dazu einen Schulversuch dar, welcher für jede Jahrgangsstufe zusätzliche sprachlich homogene Fördergruppen in der jeweiligen „Muttersprache“ vorsieht, in denen zudem Deutsch als Zweitsprache gelehrt wird. Der „muttersprachliche Unterricht“ ist somit in den regulären Schulalltag integriert.[248]

Neuere Beschlüsse, wie beispielsweise der des Ministeriums für Schule und Weiterbildung NRW, haben im Jahr 2010 den herkunftssprachenunterricht gestärkt. Dabei stand die Überleitung von herkunftssprachlichem Unterricht in fremdsprachenunterricht in der Sekundarstufe I im Vordergrund. Dies ermöglicht eine Anerkennung der Herkunftssprache als zweite oder dritte schulische Fremdsprache und wird damit entsprechend aufgewertet. Diese Option wird seitdem auch für die Hauptschule eröffnet.[249] Der Erlass des Landes NRW verweist ebenfalls noch einmal auf das hohe Engagement im Bereich der Förderung der herkunftssprache (im bundesweiten Ranking steht

---

[246] Die Beauftragte der Bundesregierung für Ausländerfragen (2001: 28): NRW

[247] Merdian, G. (1996: 37)

[248] vgl. de Cillia, R. (1998: 270): Deutschland

[249] vgl.
http://www.nrw.de/presse/nordrhein-westfalen-staerkt-unterricht-in-den-herkunftssprachen-fuer-schuelerinnen-und-schueler-mit-zuwanderungsgeschichte-8419/

NRW somit mitunter an der Spitze bzgl. des Angebots an Herkunftssprachenunterricht), was durch den Einsatz einer großen Anzahl an Lehrkräften als auch durch die Zielformulierung deutlich wird: „Die Landesregierung will [...] die besonderen sprachlichen Kompetenzen von Zuwandererkindern würdigen und sich für deren Bildungserfolg einsetzen."[250]

5.3.2.4 Förderung der Zweitsprache in Deutschland

Einwanderer haben auch in Deutschland Anrecht auf Unterricht in *Deutsch als Zweitsprache.* Dieser Unterricht wird für Spätaussiedler und deren Familien speziell vom Bundesamt für Migration und Flüchtlinge koordiniert, so dass die Kosten vom Staat getragen werden. Durch die Beschlüsse des neuen Zuwanderungsgesetzes im jahr 2007 haben auch Ausländer mit gültiger Aufenthaltsgenehmigung Anspruch auf einmalige Teilnahme an einem Deutschkurs. Die sogenannten Integrationskurse vermitteln neben dem sprachlichen Aspekt auch Orientierungswissen in den Bereichen Kultur, Geschichte und Recht.[251] Für weitere Sprachbildungsmaßnahmen muss nach Abschluss des staatlichen Angebots selbst aufgekommen werden.
Auf schulischer Ebene ist, wie man bereits vermuten kann, der Unterricht in *Deutsch als Zweitsprache* auch wie der herkunftssprachliche Unterricht nicht bundeslandübergreifend geregelt, so dass sich keine einheitliche bundesweite Unterrichtsform finden lässt. Zweisprachige Kinder, die am Regelunterricht teilnehmen, sehen sich heutzutage immer noch mit gleichen Leistungsanforderungen wie monolinguale deutschsprachige Schülerinnen und Schüler konfrontiert. Der Deutschunterricht in den Schulen zeigt sich als deutscher Muttersprachenunterricht. Der Zweitsprachenunterricht findet dabei meist im Sinne des *Aufnahmeunterrichts* statt. An diesen Vorbereitungskursen dürfen Kinder, die noch nicht über ausreichende Sprachkenntnisse verfügen, für maximal zwei Jahre teilnehmen, Spätestens dann nehmen diese Kinder auch am Regelunterricht teil.[252] Aus diesem Grund wird schon bereits vor Ablauf dieser zeit die

---

[250] ebd.

[251] vgl. http://www.bundesregierung.de/Content/DE/StatischeSeiten/Breg/IB/das-zuwanderungsrecht.html;jsessionid=A28C6DBA37042581AE52739E3A57173D.s1t1?nn=437032#doc125472bodyText2

[252] vgl. de Cillia, R. (1998: 272): Deutschland

teilweise Eingliederung in den Regelunterricht erprobt. Dabei legt die Lehrkraft fest, zu welcher Zeit Schüler bzw. Schülerinnen in eher weniger sprachintensive Fächer der Regelklasse wechseln dürfen. Oftmals werden Kinder weiterhin in separierten Sprachförderkurse eingeteilt, um fortlaufend die Sprachkenntnisse zu verbessern. Dort sollen sie im Sinne von Förderunterricht in der Zielsprache Deutsch gezielte hilfestellung erhalten. Leider ist die Koordination von Zweitsprachenunterricht und herkunftssprachlichem Unterricht oftmals nicht gegeben.[253] Ein eigenes Schulfach *Deutsch als Zweitsprache* gehört nicht zum Stundenrepertoire der meisten Schulen. Falls dieser doch etabliert ist, wird dieser Unterricht oftmals von Lehrkräften übernommen, die nur unzureichende Kenntnisse in diesem Bereich aufweisen. Er wird zusätzlicher Deutschunterricht im Sinne eines verlangsamten Regelunterrichts verstanden und verfehlt somit sein Ziel (auf die soeziellen Bedingungen des Zweitspracherwerbs einzugehen). Findet die Förderung in keinem separiertem Unterricht statt, so schreiben die Lehrpläne einiger anderer Bundesländer vor, dass Schülerinnen und Schüler individuelle Aufgaben im Sinne einer Binnendifferenzierung während des regulären Deutschunterrichts erhalten sollen.[254]

Für Nordrhein-Westfalen gilt, dass Kinder mit Migrationshintergrund neben der Mögichkeit der *Vorbereitungsklassen* zusätzlich zum Regelunterricht sogenannten *Förderunterricht* in Deutsch erhalten. Bei Bedarf besteht weiterhin die Option der Einrichtung von *Auffangklassen*, in denen Schülerinnen und Schüler im Gegensatz zu *Vorbereitungsklassen* auch länger als zwei Schuljahre unterrichtet werden können. Besondere Regelungen gibt es bei ausgesiedelten Kindern und Jugendlichen. Sie werden in maximal einjährigen *Auffangklassen als Förderklasse* oder als *Fördergruppe in Regelklassen* betreut, mit zusätzlichem schulbegleitenden Nachhilfeunterricht. Der Primarbereich ist dabei durch ein fächerübergreifendes Begegnungssprachenkonzept gekennzeichnet, dass mit dem Übergang in die Sekundarstufe I in einem breiten Angebot an Fremdsprachen mündet. Dieses breit gefächerte Angebot an Fremdsprachen umfasst dabei auch an vielen Schulen verschiedene Herkunftssprachen, die zudem als Abiturfach in der Sekundarstufe II angeboten werden. In der Gesamtbetrachtung gehört NRW im gesamtdeutschen Vergleich zu einem der

---

253 vgl. ebd.

254 vgl. Beauftragte der Bundesregierung für Ausländerfragen (2001): NRW

Länder, „von denen sehr bemerkenswerte Impulse und innovative Anregungen für den Unterricht mit Kindern zugewanderter Minoritäten ausgegangen sind."[255] Allgemein lässt sich letztlich festhalten, dass es inzwischen viele theoretische Überlegungen und Ausarbeitungen gibt, aber die Praxis mit einer integrativen gesamtkonzeptionellen Umsetzung den theoretischen Konzeptionen bis auf wenige Modellversuche hinterherhinkt.[256] Aus diesem Grund lässt sich auch kein bundesweiter Anforderungskatalog für ein eigenständiges Fach *Deutsch als Zweitsprache* finden. Die Realisierung gestaltet sich bis dato somit eher unzureichend, was durch den Fakt des nicht vereinheitlichten Schulsystems Deutschlands erschwerend hinzukommt. Letztlich ist positiv zu vermerken, dass *Deutsch als Zweitsprache* auch zunehmend im universitären Bereich gewürdigt und in der Lehrerausbildung gestärkt wird, wie das Projekt ProDaZ der Universität Duisburg-Essen zeigt.[257]

5.3.3 Zwischenfazit - Vergleich Sprachfördermaßnahmen

In Schweden als auch in Deutschland besteht die vorschulische Sprachförderung für Kinder mit einer anderen Herkunftssprache in dem Kennenlernen der neuen, zweiten Sprache Schwedisch bzw. Deutsch. Der Unterschied in beiden Ländern stellt sich einerseits klar durch das in Schweden eingeführte Mehrsprachigkeitsprogramm sowie bilinguale Curriculum heraus, welches die Förderung und Verbesserung der jeweiligen Herkunfts- und Zweitsprache auch im Regelunterricht verfolgt. Die unterrichtlichen Ausgestaltungen in Schweden zeigen deutlich auf, dass der vorschulische Zweitspracherwerb und herkunftssprachliche Unterricht koordiniert verläuft. Die Förderung im immer noch monolingual ausgerichteten System Deutschlands gestaltet sich dagegen anders. Zwar wurde die Bedeutsamkeit und das Potenzial vorschulischer Sprachförderung erkannt, jedoch mangelt es weiterhin an einer koordinierten Förderung der Herkunfts- sowie Zweitsprache. Durch die Reduktion bzw. den Abbau des Herkunftssprachenunterrichts sowie der Separierung von Sprach-

---

255 Beauftragte der Bundesregierung für Ausländerfragen (2001: 29): NRW

256 vgl. dazu die Ausführungen zum Berliner Modell der zweisprachigen Alphabetisierung von de Cillia, R. (1998: 272): Deutschland

257 vgl. http://www.uni-essen.de/prodaz/

förderkursen kann nicht von einer integrierenden Mehrsprachigkeitsförderung gesprochen werden. Auch die Einführung von Sprachstandstests zur Frühdiagnostik von sprachlichen Problemen verfehlt sein Ziel, wenn die Umsetzung verschiedener Sprachförderprogramme in Kindergärten aufgrund von fehlendem Personal und der doppelten Arbeitsbelastung von unzureichend ausgebildeten Erziehern und Erzieherinnen erfolgt. Letztlich zeigt sich im vorschulischen Bereich, dass die schwedische Organisation und Ausgestaltung bereits im Elementarbereich vielversprechender bzgl. Des verfolgten Ziels der aktiven Zweisprachigkeit erscheint. Für den Herkunftssprachenunterricht zeigt sich, dass aktive Zweisprachigkeit in beiden Ländern vorrangiges Ziel im Bereich der sprachlichen Förderung darstellt. Dies wird auch an der ähnlichen Gesetzgebung beider Länder deutlich, die bspw. zur Einrichtung des Herkunftssprachenunterrichts eine bestimmte Mindestgröße an teilnehmenden Schülerinnen und Schülern[258] sowie das Vorhandensein einer entsprechend qualifizierten Lehrkraft vorschreibt. Jedoch scheint die Umsetzung sich grundlegend zu unterscheiden. Auch wenn bereits festgestellt wurde, dass der Zweitspracherwerb durch die Förderung der Herkunftssprache erleichtert wird, sieht die Situation in Deutschland immer noch zwiespältig aus. Durch die uneinheitliche Regelungen zwischen den Bundesländern wird bildungspolitisch zeitweise immer noch diskutiert, den Unterricht in

Deutsch als Zweitsprache durch den Abbau von Herkunftssprachenunterricht zu stärken. Dagegen besteht in Schweden ein Recht auf herkunftssprachlichen Unterricht. Das durch die Förderung der Herkunftssprache entstehende Selbstbewusstsein seitens der Schülerschaft wird sich zu eigen gemacht und die daraus entstehende Motivation gezielt für den Erwerb der Zweitsprache genutzt. Die Zweitsprachenförderung stellt somit seither ein wichtiges Anliegen des schwedischen Bildungssystems dar. Dies wird durch den seit bereits 1965 kostenlos angebotenen Schwedischunterrichts für Migranten deutlich. Nachdem in Deutschland ebenfalls erkannt wurde, dass der einstige Rückführungsgedanke von Gastarbeitern in die entsprechenden Heimatländer nicht mehr angemessen erscheint, werden seit 2005 ebenfalls staatlich geregelte Deutschkurse für Einwanderer angeboten, die durch das neue Zuwanderungsgesetz 2007 verpflichtend wurden. In Bezug auf das Schulsystem ist zu sagen, dass

---

[258] welche in Schweden niedriger ist als in Deutschland

beide Länder Vorbereitungskurse bzw. Vorbereitungsklassen anbieten. Diese sind dabei in Schweden für Kinder mit unzureichenden Sprachkenntnissen verpflichtend, währenddessen in Deutschland diese nicht flächendeckend in allen Bundesländern angeboten werden. Die schrittweise Integration in den Regelunterricht sowie der Regelklassen wird ebenfalls in beiden Systemen verfolgt. Unterschiede ergeben sich jedoch in der Verantwortlichkeit des Zeitpunktes des Wechsels. In Schweden wird Schülerinnen und Schülern generell durch die Zielvereinbarungen des Lehrplans eine hohe Eigenverantwortung bei Entscheidungen sowie Selbstständigkeit zugewiesen, die in Deutschland dagegen eher auf der Seite der Lehrkraft liegt. Durch die Etablierung und Einführung eines eigenen Lehrplans für Schwedisch als Zweitsprache ist Schweden gezielt gegen eventuelle sprachliche Probleme nach dem Übergang in die Regelklasse vorgegangen. Dies ist in Deutschland jedoch nur selten der Fall. Während die Zielformulierungen des regulären Schwedischunterrichts denen des Zweitsprachenunterrichts gleichen, findet sich in Deutschland eine höchst uneinheitliche Organisation wieder. Von Förderunterricht bis hin zu einfacheren Aufgabenstellungen im Regelunterricht, im Sinne einer möglichen Binnendifferenzierung, lassen sich verschiedene, vom Bundesland abhängige Formen auffinden. Eine methodisch unterschiedliche Ausgestaltung zum Erreichen gleicher Ziele klingt jedoch erfolgversprechender, als durch Segregation Schülerinnen und Schüler auszugrenzen. Die Konzeption des schwedischen Zweitsprachenunterrichts zeigt sich dem Regelunterricht somit in keiner Weise nachgestellt, um beider maßen eine äquivalente Ausbildung zu ermöglichen.

5.4 Integration durch Sprache?

Wie in den deutschen Medien immer wieder anklingt, besteht ein großes Bestreben die deutsche Sprache als Ausgangspunkt der Integration festzumachen. Dahinter steckt die in der Integrationspolitik vorherrschende Annahme, dass Sprachkenntnisse die Basis und den Schlüssel einer erfolgreichen Integration in Deutschland darstellen. Leider wird dabei oftmals der angeblich fehlende Wille zum Sprachenlernen seitens der MigrantenInnen getadelt. Wie sich jedoch bislang zeigt, hadert es weniger an der persönlichen Motivation, als mehr an inner- sowie außerschulischen Faktoren, die dazu beitragen, dass

Kinder mit Zuwanderungsgeschichte einer starken Bildungsbenachteiligung im deutschen Schulsystem ausgesetzt sind. Diese ungünstigen Ausgangsbedingungen wirken sich dabei natürlich auch auf die erfolgreiche Aneignung sowie Verbesserung von sprachlichen Defiziten aus. Neben schulischen Faktoren, lassen sich jedoch auch fragliche gesellschaftspolitische Ansichten bzw. Rückschlüsse anführen. Wie bereits erwähnt, wird von MigrantenInnen erwartet, dass diese die Majoritätssprache annehmen, um gesellschaftlich partizipieren zu können und sich somit in die Gesellschaft ‚integrieren'. Oftmals wird dabei jedoch außer Acht gelassen, dass dies im Umkehrschluss die Akzeptanz der jeweiligen Herkunftssprache mit sich ziehen muss. Dieser Aspekt wird heutzutage immer noch nicht stark genug berücksichtigt, was sich als Kosequenz in einem nicht ausreichenden Angebot an Sprachfördermaßnahmen oder Lernprogrammen in Deutschland wiederspiegelt.

Auch der im Kapitel 4 bereits angesprochene Punkt des Sprachkontaktes zu muttersprachlichen Kindern der Zielsprache beeinflusst den Zweitspracherwerb in der Zielsprache Deutsch. Durch fehlende oder geringe soziale Kontakte zu Kindern mit der Erstsprache Deutsch, zeigen sich wie gezeigt bereits im Elementarbereich erhebliche institutionelle Mängel auf, die durch den alleinigen Sprachkontakt zu den ErziherInnen nicht kompensieren werden können. Aber auch durch gesellschaftliche Segregation un die Zunahme von sogenannten „Migrantenvierteln" innerhalb einer Stadt, wird dem essenziellen Sprachkontakt zu deutschen Muttersprachlern zu wenig Raum geboten. Dies hat zur Folge, dass keine Notwendigkeit besteht, die deutsche Sprache zu gebrauchen, was wiederum dazu führt, dass durch das fehlende Einüben der Sprache (Sprachtraining) auch zunehmend das Interesse sowie die Motivation des Zielsprachenlernens abnimmt. Es bedarf demnach einem größeren Angebot an lebensweltlichem (Sprachen)Lernen, was aus integrations- sowie bildungspolitischer Sicht in Deutschland bereits bspw. Durch den Ausbau von Ganztagsschulen in Angriff genommen wurde. Aus diesem Grund ist es interessant zu sehen, ob der durch die Einheitsschule realisierte Einheitsgedanke im schwedischen Schulsystem aktiv zur Zweisprachigkeit sowie Integration beiträgt und inwieweit dieses System eventuell für Deutschland Vorbild sein könnte.

5.5 Multikulturell-integrative Schulkonzepte. Schweden als Vorbild für Deutschland?

Bevor die eventuelle Role Schwedens als Vorbild für Deutschland beantwortet wird, muss im Vorfeld geklärt werden, was unter multikulturellen bzw. Integrativen Schulkonzepten in Hinblick auf Mehrsprachigkeit verstanden wird. Mecheril (2004) stellte heraus, so viel sei an dieser Stelle schon einmal vorweggenommen, dass Fördermaßnahmen bzgl. der Muttersprache (wie bspw. multikulturelle oder reflexive Schulmodelle) in Deutschland kaum umgesetzt werden.[259] Wie bereits verdeutlicht, spielt bei der Frage nach Sprachförderung die innerschulische Organisation, zu der Schulkonzepte bzw. Schulmodelle zugerechnet werden können, eine entscheidende Rolle. Auch Huth (1993) zeigt breits zu Beginn seiner Ausführungen die enge Verknüpfung von Schule und Mehrsprachigkeit sowie den damit zusammenhängenden Integrationsprozess.

> „Integration ohne Aufnahme der Muttersprache in die Regelschule kann nicht gelingen. Es sie denn, der Mensch versteht unter Integration in Wirklichkeit Assimilation an die Mehrheitsgesellschaft unter Aufgabe der eigenen kulturellen und ethnischen Identität."[260]

Aus diesem Grund sind multikulturelle Schulkonzepte in ihrer Grundkonzeption auf die Achtung von Heterogenität bzw. Sprachlicher als auch kultureller Differenz ausgerichtet. Daher ist ihnen auch das Erkennen und Fördern von Zwei- oder Mehrsprachigkeit genuin. Nach Huth (1993) hängt die in der Schule verfolgte und erwünschte kognitiv-akademische Sprachfähigkeit[261] bereits von der Förderung der Erstsprache[262] im Kindesalter ab. Wird diese bereits im Elementarbereich gefördert, müssen Kinder diese spezifische Sprachfähigkeit in der zweitsprache nicht neu erlernen, sondern können auf die bereits erworbenen Erfahrungen und Fähigkeiten in der Erstsprache aufbauen, so dass Problembereiche bei der Ausbildung der Zweitsprache reduziert werden.[263] Eine

---

[259] vgl. Mecheril, P. (2004: 160f.)

[260] Huth, M. (1993)

[261] mit anderen Worten die *Bildungssprache*

[262] es wird im Folgenden davon ausgegangen, dass die Erstsprache in diesem Fall eine von der Umgebungssprache abweichende Sprche ist - bspw. eine Herkunftssprache

[263] vgl. ebd.

Möglichkeit bestünde in einer bilingualen Alphabetisierung von Beginn an, da gesamtsprachliche kognitive Kompetenzen, d.h. in Erst- und Zweitsprache, durch diese Wechselwirkungen stimuliert würden. Kinder wären somit in der Lage ihr Wissen von der einen Sprache auf die andere Sprache zu übertragen bzw. Unterschiede festzustellen. Der Unterricht müsste dabei beide Sprachen in Bezug zueinander stellen.[264]

Da die Bildungsbenachteiligung jedoch durch unterschiedliche Faktoren bedingt wird, ist es notwendig die im vorausgegangenen Kapitel erwähnten anderen schulischen Ebenen[265] neu auszurichten. In der Gesamtbetrachtung muss gefragt werden, inwieweit das Schulsystem auf das Zusammenspiel von Bildungsbenachteiligung und den schulischen Rahmenvorgaben reagiert.[266] Die bisherigen Ausarbeitungen der „Ausländerpädagogik" fokussieren vor allem die sprachlichen Defizite ausländischer Kinder und setzen diese mit dem Aspekt der Multikulturalität in Verbindung. Diese Art von Schwerpunktsetzung bricht die Problematik vor allem auf das Problem des Sprachenlernenes herunter und zeigt lediglich die Notwendigkeit von Kenntnissen der deutschen Sprachen auf. Zudem wird dadurch die Fremdheit „ausländischer Kinder" bestärkt.[267]

Anstelle dessen sollten einer multikulturellen Pädagogik vor allem bildungstheoretische Erklärungen zugrunde gelegt werden, welche nicht den eigentlichen Bildungsprozess von Kindern mit Migrationshintergrund in den Mittelpunkt stellen, sondern übergeordnete Ziele[268] verfolgen. Die Zielformulierung sollte sich daher vor allem an der Verwirklichung des Rechts auf Bildung (vgl. Schwedisches Sprachgesetz) in jeglicher Hinsicht orientieren, welche Kinder mit als auch ohne Migrationshintergrund einschließt.[269]

Die Remodellierung deutscher Schulen in Hinblick auf Zweisprachigkeit wird durch unterschiedliche, meist monoperspektivische Ansichten von Grund auf

---

[264] vgl. Mecheril, P. (2004: 169f.)

[265] Schulorganisation, Unterrichtsdauer, Lehrerausbildung, didaktische und curriculare Organisation etc.

[266] vgl. Mecheril, P. (2004: 163)

[267] vgl. ebd.

[268] Mecheril spricht von einer Nachfrage nach *Humankapital* der MigrantenInnen in einer globalisierten Welt

[269] vgl. Mecheril, P. (2004: 164f.)

behindert.[270] Das bestehende Angebot an Förderunterricht und Sprachtraining müsste dabei verstärkt die Herkunftssprache miteinbeziehen, da ansonsten eine künstliche Differenzierung zwischen verschiedenen Kulturen verursacht würde, die der lebensweltlichen Zweisprachigkeit nicht gerecht entgegen stünde.[271] Auch Mecheril (2004) stimmt den Ausfürungen Gogolins zu und ergänzt weiterhin, dass durch eine eindimensionale Pädagogik „eine zufriedenstellende, sprachliche Entwicklung der Kinder im Deutschen" weder angeregt noch begleitet werden könne.[272] Jedoch müsse weiterhin bedacht werden, dass eine strukturelle Veränderung im Schulwesen nur dann erfolgsversprechend scheint, wenn sozial-gesellschaftliche als auch politische Rahmenbedingungen eine stärkere Öffnung bzgl. der generellen Akzeptanz von Minderheiten sowie kultureller Eigenheiten erfahren.[273]
Es zeigt sich, dass durch eine schulische Umstrukturierung im bereich der Sprachförderung allein der Kampf um Chancengleichheit und gegen Bildungsbenachteiligung aufgrund von sozial-gesellschaftlichen sowie sozio-ökonomischen Faktoren nicht gewonnen werden kann.
Um institutioneller Diskriminierung entgegenzuwirken, müssen Methoden für das gesamte Personal im Bildungswesen entwickelt werden, die den Betreffenden die Möglichkeit zur Sensibilisierung bzgl. diskriminierender Mechanismen innerhalb des Systems geben. Nach Auernheimer (2003) zeichnen sich integrative Schulkonzepte im Wesentlichen durch drei Punkte[274] aus:

1. Eine späte formale Trennung der Bildungswege. Dies erhöht die Chancen für Schüler mit ungünstigen Eingangsvoraussetzungen, den Rückstand gegenüber Altersgleichen aufzuholen.

2. Die Trennung nach Schulformen hat einen negativen Effekt auf das Lernverhalten am unteren Ende der Hierarchie, weil Lehrererwartungen nachweislich Auswirkungen auf die Schülerleistungen haben. Integrative Schulsysteme sind gegenteilig konzipiert.

3. Ein integratives System zwingt zur Individualisierung und weckt Verantwortungsbewusstsein für jede/n Schülerin/Schüler.

---

[270] bspw. die Forderung nach einer höheren Zahl von (Sprach)Lehrern mit Migrationshintergrund bei gleichzeitigem Mangel an qualitativ adäquaten Angeboten

[271] vgl. Gogolin, I. (2008: 30f.)

[272] vgl. Mecheril, P. (2004: 168)

[273] vgl. Mecheril, P. (2004: 170f.)

[274] Auernheimer, G. (2003: 12)

Wie in Kapitel zwei bereits ausführlich dargestellt, unterscheidet sich das schwedische Bildungssystem in seiner Struktur grundlegend vom deutschen. Durch die Ausgestaltung des schwedischen Schulsystems[275] sowie die grundlegende integrative Ausrichtung, die sich im Kern vor allem im Bereich ‚Differenzierung nach Leistung' vom deutschen unterscheidet[276], kann letztlich resümiert werden, dass in schwedischen Schulen der Fokus auf Förderung und nicht auf institutionelle Beschränkung, d.h. frühe Selektion im Bildungsweg, gelegt wird. Daher ist es auch kaum verwunderlich, dass Sprachförderkonzepte in den curricularen Ausarbeitungen deutlich erkennbar sind. Dies gilt wie gezeigt auch bereits für den vorschulischen Bereich. Auch die schulische Zusammenarbeit von Sonderpädagogen und Eltern spielt als Bestandteil in integrativen Schulkonzepten mit ein. Durch den regelmäßigen Kontakt zwischen Lehrern, Eltern und Schüler (sogenannte Reflexionsgespräche) können mögliche Lernschwierigkeiten bereits früh ausgemacht und an ihnen gearbeitet werden.[277] Die erst spät einsetzende Benotung der Leistungen sowie die (im Gegensatz zu Deutschland) kleine Lerngruppengröße von max. Zehn Schülerinnen und Schülern pro Lehrkraft hat mitunter Einfluss auf die Lehr- und Lernatmosphäre, so dass durch die Leitphrase „Achtung vor dem Lernenden" ein respektvolles Schüler-Lehrer-Verhältnis geschaffen werden soll, welches den Lernprozess positiv beeinflusst.[278] Auch die Übertragung von Verantwortlichkeit auf die Schülerin/den Schüler verdeutlicht erneut die grundlegende pädagogische Ausrichtung des schwedischen Systems.

Es zeigt sich, dass zweisprachigkeit im schwedischen Bildungssystem vor allem von politischer Seite aus gefordert und gefördert wird. Doch wie sieht es in der Realität, im praktischen Schulalltag aus? Wie die Ausführungen gezeigt haben, lassen sich unterrichtsorganisatorische Änderungen der Sprachförderklassen ausmachen[279], die der damaligen *hemspråk*-Reform nicht entsprechen. Auch die Ausarbeitungen der Friedrich Ebert Stiftung haben ergeben, dass es an

[275] dazu gehören die Einheitsschule, die begrenzte und zeitlich gesehen späte Differenzierung beim Eintritt in die Oberstufe, Noten ab der achten Klasse, Fokus der Einheitsschule auf die Ausbildung und Förderung sozialer Kompetenzen (vgl. Ratzki, A. (2003: 23f.): Skandinavische Bildungssysteme)

[276] vgl. Kapitel 3 dieser Arbeit

[277] diese finden dabei häufiger statt, als der halbjährliche „Elternsprachtag" an deutschen Schulen

[278] vgl. Ratzki, A. (2003: 23ff.): Skandinavische Bildungssysteme

[279] vgl. Kapitel 5.3.2.1 Reich, H. (1996)

einer *bewussten* multikulturellen Pädagogik bislang noch mangele. Bei vielen Lehrkräften stelle Integration immer noch ein Problem dar, was dazu führe, dass Differenzen immer wieder thematisiert würden. Es scheint, als ob Zweisprachigkeit von einigen Lehrkräften nicht erwünscht sei. In diesen Fällen wird auf Assimilierung und dessen Vorteile verwiesen. Die Förderung integrativer Systeme hätte in diesen Fällen dann kaum noch Platz. Weiterhin zeigt der Bericht auf, dass auch in der Vorschule Kindern noch bestimmte Kulturzugehörigkeiten zugeschrieben würden, welches im weiteren Verlauf zu Problemen führen könne, da die kulturelle Wirklichkeit von Kindern oftmals durch verschiedene (auch sprachliche) Lebenswelten sowie Erfahrungen vermischt sei.
Durch die Einführung von interkulturellen Fortbildungs- bzw. Trainingsseminaren sowie Reflexionsgesprächen innerhalb eines Lehrerteams sollen Lehrkräfte im gesamten Bildungssystem gegenüber einer bewussteren multikulturellen Erziehung sensibilisiert werden.[280] Doch wie zeichnet sich die Lage der Sprachförderung wirklich ab?!

5.6 Vergleich und Zusammenfassung

Wie sich bislang gezeigt hat, steht das schwedische Bildungssystem im Bereich der theoretischen Ausrichtung und gesetzlichen Beschlüsse bzgl. Multikulturalität und Zweisprachigkeit im Vergleich deutlich besser dar, als das deutsche System. Die Theorie zeigt eindeutig, dass aufgrund vieler verschiedener Maßnahmen (beginnend beim kostenlosen Schwedischunterricht für ausländische Arbeitnehmer und Einwanderer) und auch aufgrund der sozialpolitischen Einwanderer- und Minoritätenpolitik[281] und der daraus hervorgehenden angestrebten Gleichstellung, von einer insgesamt größeren Integrationsbereitschaft ausgegangen werden kann, als in der Bundesrepublik Deutschland. Auch bei der Ausgestaltung der Sprachfördermaßnahmen sowie Programmen wird erneut deutlicht, dass das schwedische Bildungswesen seitens bildungspolitischer Besclüsse die Bedeutung der Herkunftssprache sowie dessen Bedeutung im Zweitspracherwerb erkannt hat. Die daraus hervorgehende Förderung bindet die Herkunftssprache in vielerlei Hinsicht ein und bietet im

280 vgl. Friedrich Ebert Stiftung (2008: 10f.)

281 unter den politischen leitzielen *Gleichheit, Wahlfreiheit* und *Zusammenarbeit*

Rahmen des Unterrichts verschiedenste Umsetzungsmöglichkeiten an, um die Zweisprachigkeit von Schülerinnen und Schülern mit Migrationshintergrund zu fördern. Doch wie die möglichen Problemfelder und Entwicklungstendenzen bei der Organisation des Herkunftssprachenunterrichts sowie die Darstellungen der Friedrich Ebert Stiftung gezeigt haben, besteht eine mögliche Diskrepanz zwischen Idealvorstellungen und Realität. Inwieweit die Umsetzung der dargestellten behördlichen Vorgaben hinter den ofiziellen Zielen der schwedischen Bildungspolitik zurückbleibt und der Mythos Schweden durch die pädagogische Praxis im Schulalltag widerlegt wird, kann in dieser Arbeit nicht vollständig beantwortet werden.[282] Die Ausführungen zeigrn jedoch auf, dass auch Schweden mit schulstrukturellen Problembereichen zu kämpfen hat, die nicht zuletzt durch das Sinken im PISA-Studien-Ranking deutlich werden.[283]

Um einen exemplarischen Eindruck vom schulischen Praxisbereich Schwedens zu bekommen, wurde ein Stimmungsbild zum Thema Zwei- bzw. Mehrsprachigkeit erhoben, auf welches im folgenden Kapitel näher eingegangen wird, um letztlich die theoretischen Ausführungen sowie die Frage der Vorbildfunktion Schwedens besser einschätzen zu können.

6. Befragung von Lehramtsstudierenden

Wie bereits beschrieben, haben die Ergebnisse des letzten Kapitels aufgezeigt, dass sich die Lage Schwedens in Bezug auf die Rahmenbedingungen zur Sprachförderung zwar als ideal darstellen mag, die Übertragung bzw. Ausführung in der Praxis dagegen nicht zwingend diesen Vorstellungen entsprechen muss. Um diese mögliche Diskrepanz besser einschätzen zu können, bot sich im Rahmen des Auslandaufenthaltes die Möglichkeit, vor Ort die Ergebnisse einer Art „Evaluation“ zu unterziehen. Wie stellt sich die Herkunfts- und Zweitsprachenförderung in der Praxis dar?

Die eigentliche Konzeption dieser Befragung konzentrierte sich dabei auf das Erheben von Datenmaterial durch Interviews innerhalb einer oder zwei Schulen. Dazu sollten Lehrkräfte verschiedener Fächer interviewt werden, um möglichst

---

[282] vgl. dazu z.T. Sehr kritische Veröffentlichungen von Skutnabb-Kangas, T. (1982) sowie Yletyinen (1978) und Yletyinen (1982)

[283] vgl. OECD (2010)

breitgefächerte und schulnahe Daten zu erhalten. Leider gestaltete sich die Mobilisierung von Lehrkräften schwieriger als erwartet, so dass die Umsetzung dieses Vorhabends trotz des allgemeinen Interesses aufgrund mangelnder (auch zeitlicher) Kapazitäten seitens der angefragten Schulen nicht realisierbar war. Da das Vorhaben jedoch nicht gänzlich aufgegeben werden sollte, wurde das eigentliche Vorgehen in soweit geändert, als dass die Befragung nun mit Lehramtsstudierenden unterschiedlicher Fächerkombiniationen, als eine relativ schulnahe Alternative, durchgeführt wurde.[284] Auch wenn es sich bei den Interviews um subjektive Meinungen und Ansichten seitens der Interviewten handelt und das Datenmaterial somit den „reported data" zugeschrieben werden kann, eigenen sich die Eindrücke und Erfahrungen der Studierenden für weitere mögliche Schlussfolgerungen. Ein weiterer positiver Aspekt, der der Befragung der Studierenden zu gute kommt, ist, dass der Aspekt der „sozialen Erwünschtheit" und die daraus möglichen „idealisierten Antworten" besser eingeschätzt werden kann. Durch den längeren, persönlichen Kontakt zu den Studierenden kann trotz aller Subjektivität davon ausgegangen werden, dass die berichteten Erfahrungen der Realität entsprechen und nicht mitunter das Bild eines perfekten Schulsystems aufrecht erhalten werden soll. Es ist nochmals zu betonen, dass mit den Interviews kein Anspruch auf Representativität erhoben wird. Es soll als Stimmungs- bzw. Meinungsbild die Einschätzungen zweier im Bildungsbereich tätigen Personen exemplarisch aufzeigen, um zum einen die Ergebnisse mit realen Eindrücken vergleichen zu können und zum anderen somit evtl. Anstöße für weitere mögliche empirische Unternehmungen zu geben. Weiterhin gilt zu beachten, dass die Interviews in englischer Sprache gehalten wurden. Dies ist wichtig zu berücksichtigen, da Interviews in einer Fremdsprache andere Schwierigkeiten (bspw. Feheln von Lexemen etc.) bergen, als Befragungen in der Erstsprache. Es wurde sich letztlich trotzdem zu diesem Vorgehen entschieden, da der Beherrschun der englischen Sprache in Schweden generell und besonders in der Hauptstadt Stockholm eine große Bedeutung zukommt, so dass davon ausgegangen werden kann, dass die Interviews zielgerecht gehalten werden können.

[284] die Interviews sind als Transkripte dem Anhang dieser Arbeit beigefügt. Da es sich um inhaltlich relevante Transkripte handelt, wurde bei der Transkription auf phonetische Besonderheiten bzgl. der Transkriptionsangaben verzichtet. Die Transkripte stellen sozusagen einen „Reintext" dar.

6.1 Die Interviewfragen

Da es sch bei den Interviews um ein Meinungsbild handeln sollte, wurde versucht in einer möglichst entspannten Atmosphäre die Befragung durchzuführen. Die gestellten Fragen wurden dabei nicht vorformuliert, um somit flexibel auf die Antworten der interviewten Studenten eingehen zu können. Es wurde natürlich jedoch im Voraus die allgemeine Richtung des Interviews festgelegt, so dass sich insgesamt drei wesentliche *Blöcke* ausmachen lassen, zu denen sich die einzelnen, spezifischeren Fragen, zuordnen lassen können. Diese *Blöcke* umfassen dabei folgende Themenbereiche:

1. Herkunftssprachen- und Zweitsprachenunterricht in Bezug auf die Organisation und Druchführung im schulischen Kontext
2. Umsetzung des Ziels der „aktiven Zweisprachigkeit" durch die Organisation verschiedener Unterrichtsformen sowie der generellen Ausgestaltung der Rahmenvorgaben.
3. "Integration oder Assimilierung?" - Inwieweit sollte eine Reduktion der herkunftssprachlichen Förderung zugunsten einer stärkeren Fokussierung in der Vermittlung der Zweitsprache erfolgen?

Die Auswahl dieser drei Themenschwerpunkte resultierte aus den Ergebnissen der im letzten Kapitel vorgestellten inhaltlichen Ausführungen, welche bereits teilweise kritische Anstöße gegeben haben. Dabei wurde zusätzlich für jedes Interview ein Schwerpunkt gesetzt: Zum einen die Förderung der Herkunftssprache und zum anderen die Förderung der Zweitsprache. Somit sollte gewährleistet werden, dass die Zielsetzung auch während des Interviews eindeutig sowie transparent bleibt und nicht durch eine kombinierte Befragung zu beiden Unterrichtsformen zu undurchsichtig wird.

6.2 Auswertung der Interviews[285]

6.2.1 Fokus: Förderung der Herkunftssprache

1. Verschiedene Organisationsmodelle des hemspråks-Unterrichts

In Bezug auf die von Reich (1996) beobachteten unterrichtskonzeptionellen Veränderungen im Rahmen des hemsprål-Unterrichts, welche dadurch gekennzeichnet waren, dass dieser Unterricht zunehmend als zusätzlicher Unterricht neben anderen Fächern stattfindet und somit weniger einem reguläre, gleichwertigem Unterricht entspricht[286], haben die Interviews gezeigt, dass die Beobachtungen Reichs sich mit Beispielen aus der Praxis decken.

> „And nowadays as i experienced in my internships it‘s more like additional classes for the pupils with same background and language."[287]

Weiterhin zeigt sich, dass durch den Charakter eines zusätzlichen, freiwilligen Unterrichts, welcher nicht mehr gleichberechtigt neben dem regulären Unterricht stattfindet, der Herkunftssprachenunterricht zunehmend an Attraktivität verliert.

> „So maybe that‘s also the reason why kids don‘t want to attend sometimes. It‘s often played after the regular lessons when you could also attend to other stuff in schook. „fritid" it‘s called. And due to the fact that no one is forcing you to attend."[288]

Auch die im Kapitel 5 dargestellten weiteren besonderen Beschulungsformen im Rahmen der hemsprål-Reform finden sich anscheinend heutzutage kaum noch wieder. Die eigentliche Ideen dieser Beschulungsformen, Schülerinnen und Schülern mit gleicher herkunftssprache in ihrer kulturellen Identität zu stärken sowie gute herkunftssprachliche Kenntnisse zu vermitteln und im Zweitspracherwerb zu unterstützen, mag zwar gegeben sein, doch die vom

---

[285] die folgende Auswertung wird im Sinne einer zusammenfassenden, strukturierten Darstellung beider Interviews erfolgen, welche aus Gründen der Übersichtlichkeit in Oberthemen untergliedert wird. Die Auswertung wird dabei an geeigneten Stellen durch direkte Zitate ergänzt, die den Transkripten im Anhang zu entnehmen sind

[286] vgl. Kapitel 5

[287] Taped Transcript #1, Z. 99ff.

[288] Taped Transcript #1, Z. 110ff.

Studenten genannten nachteiligen Gründe erscheinen ebenfalls nachvollziehbar. Die durch die Einrichtung der Hemspråksklasse entstehende Segregation innerhalb der Schülerschaft kann sowohl soziale Abgrenzung ervorrufen als auch einen nachteiligen Effekt auf die zu erwerbenden Schwedischkenntnisse haben (im Sinne des ungesteuerten Spracherwerbs innerhalb des *Sprachbades*). Zudem sei dadurch das Modell der integrativen, gemeinsamen Beschulung innerhalb der gemeinsamen Grundschule in Frage gestellt.[289] Dies deckt sich auch mit den Beobachtungen von Löser (2011), der ebenfalls beschrieben hat, dass Schülerinnen und Schüler gezielt in regulären Klassen gefördert werden und somit ebenfalls der Abkehr von separierenden Organisationsformen (wie auch in Deutschland) nachgekommen wird. Dagegen stellt das andere Modell der *sammansatt klass* die Integration von Schülerinnen und Schülern mit Minoritätssprache sowohl sprachlich als auch sozial sicher, jedoch lässt sich hier kritisch anmerken, dass die Sicherstellung von herkunftssprachlichen Kenntnissen gefährdet sein könnte. Welches Modell letztlich gefahren wird, entscheidet nicht zuletzt die entsprechende Situation an der Schule.

> „I think that the „sammansatta klass" is a nice idea but i can imagine that this is even harder to establish such a class than the additional hemspråk-class i was talking about. It's again the same fact. You can just establish this typ of class if you have enough children with the same mother tongue. Especially if you are teaching in a suburb with a lot of migration and less swedish native speakers."[290]

Probleme können also bei beiden im Rahmen der hemspråk-Reform beschlossenen Unterrichtsmodellen auftauchen. Dabei mangelt es in beiden Fällen an den entsprechend vorhandenen Schülerzahlen. Dies ist besonders dann gegeben, wenn das Einzugsgebiet einer Schule besonders einseitig geprägt ist und somit die entsprechenden Schülerzahlen zur Einrichtung nicht hergibt. In Anbetracht der Schülergruppe, die in Schweden aufgewachsen ist, besteht ebenfalls die Möglichkeit, dass die dominierende Sprache einiger dieser Kinder Schwedisch ist. Es stellt sich somit die Frage, inwieweit eine solche Beschulung wirksam wäre, da der integrative Charakter verloren gehen würde.

---

289 Taped Transcript #1, Z. 125ff.

290 Taped Transcript #1, Z. 151ff.

Aus diesem Grund scheint sich das schon von Reich (1996) festgestellte Modell des Herkunftssprachenunterrichts im Sinne der Einrichtung einer ergänzenden Herkunftssprachenklasse mit ausschließlich homogener Schülerschaft durchgesetzt zu haben, das bei entsprechend vorhandenen Schülerzahlen als zusätzlicher Unterricht in Randstunden stattfindet.[291]

2. Umsetzung des Ziels der „aktiven Zweisprachigkeit"

Wie dargelegt, lassen sich in Bezug auf die unerrichtliche Organisation zur Einrichtung aller vorgestellten Unterrichtsmodelle Nachteile finden. Inwieweit eine *aktive Zweisprachigkeit* somit erreicht werden kann, soll im Folgenden näher betrachtet werden. Dazu muss jedoch vorab der Begriff der *aktiven Zweisprachigkeit* etwas näher ausgeführt werden, da auch im Interview die Begrifflichkeit diskutiert wurde:

> „I can talk polish as well maybe not on an academic level but do i really need it?! It's always about what you want to do after school. And all the friends i have who actually have a migration background are not aiming to move back into their homecountry. Most of them are born here and want to stay here for sure. But if you want to approach an academic or more advanced level then I don't know if two hours are enough."[292]

Im Sinne der hemspråk-Reform sollen SchülerInnen und Schüler die Möglichkeit erhalten, in ihrer jeweiligen Herkunftssprache ein höheres sprachliches Niveau zu erreichen.[293] Dies soll Ausgangspunkt der folgenden Darstellungen sein, welche letztlich eine Diskussion auf drei verschiedenen Ebenen ermöglicht.

1. *Unterrichtlicher Umfang und Ansehen*

Wie sich im Interview herausstellte, lassen sich organisatorische Schwierigkeiten in der Einrichtung der Herkunftssprachenklassen ausmachen. Hierbei finden die *besonderen Unterrichtsformen*[294] in der Praxis wohl kaum Berücksichtigung, so dass der Herkunftssprachenunterricht üblicherweise im Sinne eines Ergänzungsunterricht mit zwei Stunden pro Woche stattfindet und dieser

---

[291] Taped Transcript #1, Z. 254ff.

[292] Taped Transcript #1, Z. 192ff.

[293] vgl. Kapitel 5 dieser Arbeit

[294] ebd.

nur für „certain majorities of migrant languages“[295] stattfinden kann. Dabei kann dem hemspråk-Unterricht doch eigentlich eine besonders hohe Bedeutung zugeschrieben werden, bedenkt man, dass für den größten Teil der Schülerinnen und Schüler der Erwerb der Herkunftssprache in ungesteuerter, breiter Vielfalt (bis auf das familiäre Umfeld) eher begrenzt ist.

> „I mean the kids are only using their mother language at home with their parents or relatives or in their freetime if they have friends with the same background. Other from that there is no chance to make use of this language and to get on an academic level in this language are two hours maybe not enough. If you consider that you are having more english classes each week. That illustrates it quite nice i think.“[296]

Dies wird in der alltäglichen Praxis jedoch durch das geringe Ansehen des Faches, verdeutlicht durch die geringe Stundenzahl[297], verkannt, welches wiederum weitere Probleme birgt, auf welche im Folgenden eingegangen wird.

2. *Organisatorische Schwierigkeiten*

Da der hemspråk-Unterricht nur auf Nachfrage seitens der Schülerinnen und Schüler bzw. der Eltern eingerichtet wird und die Anwesenheit freiwillig ist, zeigt sich, dass dieser Unterricht schon allein aus diesem Grund nicht gleichwertig neben anderen obligatorischen Fächern bestehen kann. Neben räumlichen Problemen, zieht die Ergänzungsunterrichtsform auch Schwierigkeiten bei der zeitlichen Verortung im Stundenplan mit sich.

> „It‘s also not that attractive in my opinion if you have these lessons after the regular classes an not in between other classes.“[298]

Da der Unterricht oftmals nach Schulschluß angeboten wird oder zu Zeiten stattfndet, in denen die Schülerschaft freizeitlichen Aktivitäten nachgeht (fritid), kann die Nachfrage bereits dadurch schon im Keim erstickt werden.

---

[295] Taped Transcript #1, Z. 184f.

[296] Taped Trancript #1, Z. 203ff.

[297] vgl. Taped Transcript #1, Z. 185f.

[298] Taped Trancript #1, Z. 190f.

„So maybe that's also the reason why kids don't want to attend sometimes. It's often placed after the regular lessons when you could also attend to other stuff in school. „fritid" it's called. And due to the fact that no one is forcing you to attend."[299]

3. *Personelle Schwierigkeiten*

Auch der Mangel an der personellen Ausstattung der Schulen mit entsprechenden Lehrkräften der verschiedenen Herkunftssprachen, stellt einen weiteren kritischen Faktor dar. Gerade für Minoritätssprachen stellt es sich als besonders schwierig heraus, eine passende Lehrkraft zu finden. Inwieweit die Lösung des Einstellens einer nicht ausgebildeten Lehrkraft zur Zielsetzung beiträgt, steht ebenfalls zur Frage.[300] Zunehmend zeigt sich jedoch, dass Schulen stärker auf die *behörighet*[301] achten. Dies gilt natürlich weitesgehend für populäre Herkunftssprachen, für die es eine größere Auswahl an Lehrkräften gibt. Letztlich liegt es jedoch auch an der Haltung gegenüber der Förderung der Herkunftssprache.[302]

Insgesamt zeigt sich, dass das Ziel der *aktiven Zweisprachigkeit* im Sinne der hemspråk-Reform keines der dargestellten Modelle garantieren kann. Es stellt sich letztlich die Frage, inwieweit durch die Verstärkung der schwedischen Sprache innerhalb der Unterrichtsmodelle der hemspråk-Reform das Ziel der aktiven Zweisprachigkeit verbessert werden würde, oder ob der Ausbau des Unterrichts in *Schwedisch als Zweitsprache* erfolgsversprechender erscheint.

3. Reduktion der herkunftssprachlichen Förderung als Option?!

Auch wenn es wie in Deutschland bildungspolitisch oftmals diskutiert wurde, den Herkunftssprachenunterricht aufgrund der organisatorischen als auch personellen Probleme sowie der finanziellen Situation der Schulen bzw. Kommunen deutlich zu kürzen, zeigt dich dennoch eine ziemlich gefestigte Meinung seitens des Studentens zum Thema.

[299] Taped Transcript #1, Z. 118f.

[300] Taped Transcript #1, Z. 268ff.

[301] behörighet: offizielle Anerkennung/ofizieller Abschluss des Lehramtsstudiums

[302] Taped Transcript #1, Z. 244ff.

„No i don't think so. Of course it's important and neccesary for them to learn the swedish language otherwise they are facing a difficult future. So this can't be questioned. There are also improvements in supporting them learning swedisch in school but if you would just focus on it without offering the option to get support with your mother tongue that would be aweful even though there is always some kind of discussion about reducing the hemspråk-support. The mother tongue is something basis, something that gives you the feeling of being safe especially if you are moving from your home country. If i think about how i would feel if someone is not taking care of my background or not respecting my languages i would be really irritated. So yeah, well, no i don't think that this would be the right way."[303]

6.2.2 Fokus: Förderung in der Zweitsprache

1. Verschiedene Organisationsmodelle des Zweitsprachenunterrichts

Wie bereits in Kapitel fünf dieser Arbeit vorgrstellt, findet die Förderung im Berech der Zweitsprache in zwei wesentlichen unterrichtsorganisatorischen Modellen statt. Zum einen der einführende Unterricht für Schülerinnen und Schüler mit keinerlei Vorkenntnissen in der schwedischen Sprache in den bereits erwähnten *Vorbereitungsklassen*, wie es bspw. bei zugezogenen Kindern aus anderen Herkunftsländern der Fall ist.

„For example if there is a chilg migrating to Sweden at the age of nine or something like that and this child has no clue about the swedish language. Then this child would go into a class which is like. How to say. It's like an introduction class for children without any swedish-knowledge."[304]

Der anschließende Übergang in die Regelklasse ist das verfolgte Ziel dieses Klassenmodells. Falls noch keine ausreichenden Sprachkentnisse vorhanden sein sollten, um am Regelunterricht teilzunehmen, erfolgt der verpflcihtende Unterricht in *Schwedisch als Zweitsprache*, der als unterstützende Maßnahme mit gleicher Zielsetzung verstanden werden kann. Die praktische Einrichtung dieser Klasse zeigt jeddoch Unterschiede zur Theorie[305] auf.

Währenddessen in der Literatur weitesgehend beschrieben wird, dass der Unterricht in *Schwedisch als Zweitsprache* anstelle des regulären Unterrichts stattfindet, zeichnet sich die Realität, auf Basis der im Interview gewonnenen Daten, jedoch anders ab. Die koordinierte und parallele Einrichtung zum regulären Schwedischunterricht wird dabei zwar weitesgehend verfolgt, jedoch

---

[303] Taped Transcript #1, Z. 282ff.

[304] Taped Transcript #2, Z. 42ff.

[305] vgl. dazu Kapitel 5

finden sich auch Beispiele, in denen *Schwedisch als Zweitsprache* den gleichen Problemen (bspw. Unterrichtszeit) ausgesetzt ist, wie der hemspråk-Unterricht.[306] Darüber hinaus bieten einige Schulen wie es scheint diesen Unterricht erst gar nicht an.

> „But i have to say i just know this from Stockholm and my studies. I used to live in Hudiksvall, kind of a larger city up in the north of Sweden. Mhh about 2 1/2 hours up north from Stockholm. And i can't remember that we had something like this."[307]

Die Einrichtung dieses Klassenmodells hängt also demnach erneut vom Einzugsgebiet der Schule bzw. von einer ausreichend vorhandenen Schülerschaft ab, die zudem Förderung benötigt. Ansonsten werden diese Schülerinnen und Schüler in der Regelklasse eingegliedert und erhalten vermutlich spezielles Aufgabenmaterial.

> „I remember a danish and a thai kid from my old class during my time in grundskola. They just moved to Hudiksvall from their home-countires with their partens and they haven't had this special kind of swedish lessons. They were just put in our regular class and i remember that they learned very fast [...]. But i don't wnt to say that they haven't had like personal extra help or something like that. I can't really tell because i don't know."[308]

2. Umsetzung des Ziels der *aktiven Zweisprachigkeit*

Auch bezüglich des Unterrichts in Schwedisch als Zweitsprache stellen sich mögliche Probleme dar, welche ebenfalls auf unterschiedlichen Ebenen diskutiert werden sollen.

1. *Organisatorische Schwierigkeiten*

WIe bereits kurz angeklungen ist, sieht sich der *Schwedisch als Zweitsprache* Unterricht vor ähnlichen Problemen gestellt, wie der hemspråk-Unterricht. Dazu zählen mitunter die Verortung des Unterrichts in Randstunden.

> „It can be seen as kind of additional classes. It depends. Sometimes the classes are parallel to the regular swedish classes but i also experienced that these classes are additional after the regular classes of a school day in general."[309]

---

306 vgl. Taped Transcript #2, Z. 87ff.

307 Taped Transcript #2, Z. 55ff.

308 Taped Transcript #2, Z. 65ff.

309 Taped Transcript #2, Z. 88ff.

Grund dafür kann vielleicht im generellen Verständnis des Faches liegen, welches vor allem im bereich der *grundskola* zum Tragen kommen könnte. Da der *Schwedisch als Zweitsprache* Unterricht eher als temporäre Maßnahme zur weiteren Unterstützung angesehen wird, ist die parallele Koordinierung zum schwedischen Regelunterricht vielleicht mitunter nicht immer gegeben.

> „But all in all the aim is that these classes, especially during grundskola, are more seen as temporarily. It's not good to exclude pupils and in my opinion it's a good way to go. If they are young they get extra help to join the regular classes or to get along there better [...].“[310]

Trotz allem stellt Schwedisch als Zweitsprache vor allem in der *gymnasieskola* ein wichtiges Fach dar, dass auch später zugewanderten Jugendlichen die Möglichkeit einer fortführenden Förderung eröffnet.[311]

2. *Inhaltliche Schwierigkeiten*

> „I know that this extra class „svenska som andra språk“ is like a melting pot. Kids from the introduction classes are taking part there if their language skills aren't good enough but also other pupils can attend there if their language skills aren't good enough.“[312]

Wie das Zitat bereits verdeutlicht, besteht das größte Problem in der fehlenden Differenzierung der Schwedisch als Zweitsprache Klasse(n). In diesen Klassen treffen demnach die entsprechenden Schülerinnen und Schüler aus den Vorbereitungsklassen auf andere Schülerinnen und Schüler mit unzureichenden Schwedischkenntnissen. Diese Kinder können dabei in Schweden geboren sein udn durch sozial-gesellschaftliche Umstände unzureichende Schwedischkenntnisse aufweisen[313] (wie in Deutschland in dritter oder vierter Generation geborene Kinder mit Migrationshintergrund). Die Teilnahme am Unterricht in Schwedisch als Zweitsprache wird dabei durch die Lehrkraft festgesetzt. Problematisch daran ist, dass an diesen Klassen ebenfalls Schülerinnen und Schüler teilnehmen, die in der Alltagskommunikation keine weiteren Schwierigkeiten aufweisen und somit nach eigentlichem Verständnis nicht zur Zielgruppe

---

310 Taped Transcript #2, Z. 93ff.

311 vgl. Taped Transcript #2, Z. 96ff.

312 Taped Transcript #2, Z. 76ff.

313 vgl. Taped Transcript #2, Z. 81ff.

des Schwedisch als Zweitsprache Unterrichts gehören. Da aber in höheren Klassenstufen umfassendere, komplexere Aufgaben vor allem in den gesellschaftswissenschaftlichen Fächern eine höhere Sprachkompetenz verlangen, nehmen Schülerinnen und Schüler trotzdem an dieser Unterrichtsform teil. Um den stark differierenden Fertigkeiten gerecht zu werden, bestehen Schwedisch als Zweitsprache Klassen immerhin aus einer recht geringen Schülerzahl, so dass individuelle Förderung noch möglich bleibt.[314]

> „That‘s the reason why these classes are pretty small. Something around 5 pupils are having classes together.“[315]

Letztlich kann festgehalten werden, dass *aktive Zweisprachigkeit* durch den Schwedisch als Zweitsprache Unterrcht ebenfalls nicht im Sinner der hemspråk-Reform gänzlich erreicht werden kann und somit nicht ausreichend erscheint. Zwar haben Schülerinnen und Schüler im Bereich der alltäglichen Kommunikation eher weniger Probleme, jedoch zeigen sich deutlich mehr Schwierigkeiten, wenn es um die Bewältigung von Aufgaben höheren Anspruches geht.[316]

3. *Personelle Schwierigkeiten*

Auch auf dieser Ebene gab es in den letzten Jahren einige grundlegende Veränderungen. Während es üblich war, dass Unterricht auch von fachfremden Lehrkräften gehalten werden konnte und somit wohl eher einem verlabgsamten muttersprachlichen Schwedischunterricht entsprechen haben dürfte, wird innerhalb der Lehrerausbildung durch entsprechende Module speziell auf *Svenska som andra språk* (Schwedisch als Zweitsprache) eingegangen, um das notwendige Wissen zu vermitteln, damit auf die speziellen Bedürfnisse im Zweitspracherwerb bei der unterrichtlichen Konzeption Rücksicht genommen werden kann. Die Bedeutung wurde im Allgemeinen auch seitens der Schulen erkannt, so dass vorzugsweise Lehrer mit entsprechenden Kenntnissen eingesetzt werden (wobei dies die personelle Lage der Schule hergeben muss).

---

[314] dies bezieht sich vor allem auf die Förderung in koordiniertem Schwedisch als Zweitspracheunterricht

[315] Taped Transcript #2, Z. 120ff.

[316] vgl. Taped Transcript #2, Z. 145-150

Ältere Lehrkräfte werden weiterhin in speziellen Fortbildungsmaßnahmen in *Svenska som andra språk* nachgeschult.[317]

3. Reduktion der herkunftssprachlichen Förderung als Option?!

Auch in Bezug auf die Reduktion des Herkunftssprachenunterrichts, aufgrund der organisatorischen und personellen Probleme sowie der finanziellen Situation der Schulen bzw. Kommunen, zugunsten der Stärkung von Schwedisch als Zweitsprache zeigt sich, dass auch dieser Student einen ziemlich eindeutigen Standpunkt vertritt, der verdeutlicht, dass die kombinierte Förderung des Herkunfts- als auch Zweitsprachenutnerrichts zielversprechend erscheint und gestärkt werden müsse.

> „I'm not of the opinion that you should just focus on the swedish language when you are dealing with their language learning process. It's important to have in mind their native language [...] because that is what your personality consists of in my opinion. Escpecially when you are dealing with younger children it could be dangerous to ignore their native language. Yeah i think that it would be the wrong way to just focus on the new language also referring to the school classes. A combination of hemspråk and swedish additional class sounds more to be the right way to go. Also in future."[318]

6.3 Zusammenfassung

Die Rückbindung an die Praxis in Form von exemplarisch durchgeführten Interviews zeigte sich letztlich als richtige Entscheidung. Die vorgestellten Ergebnisse verdeutlichen, dass theoretische Konzeptionen und Rahmenbedingungen nicht immer hundertprozentig mti der praktischen Ausgestaltung übereinstimmen müssen. Zwar handelt es sich bei den Daten um Personenberichte, die natürlich einer gewissen subjektiven Färbung unterliegen und somit mit einem sprechenden Bewusstsein gelesen und interpretiert werden sollten, jedoch können aus den Daten auch verschiedenste Rückschlüsse und Impulse für weitere Unternehmungen in Sachen Forschung gezogen werden.

Letztlich bleibt festzuhalten, dass Schweden große Bemühungen aufzeigt, um den steigenden Ansprüchen einer durch Sprachenvielfalt gekennzeichneten

---

[317] vgl. Taped Transcript #2, Z. 151ff.

[318] Taped Transcript #2, Z. 178ff.

Welt durch viele Fördermaßnahmen gerecht zu werden.[319] Es zeigte sich jedoch[320], dass das Ziel einer *aktiven Zweisprachigkeit* im Sinne der Beherrschung der Herkunfts- als auch Zweitsprache auf höherem Niveau durch die jetzige Ausgestaltung nicht unbedingt ausreichend gesichert werden kann. Trotz allem verdeutlichen die Interviews, dass das Bestreben und die Bedeutsamkeit einer gleichberechtigten Förderung grundlegend besteht und somit von einem deutlichen Integrationswillen ausgegangen werden kann. Aus welchem Grund die bestehenden Möglichkeiten seitens der Gesellschaft nicht ausreichend genutzt werden und bildungspolitische Sparmaßnahmen die günstigen Rahmenbedingungen eventuell behindern, kann im Rahmen dieser Arbeit nicht beantwortet werden.

7. Abschließende Bewertung & Schlussfolgerung

Wie die Ausführungen gezeigt haben, steht außer Frage, dass Schweden im Bereich von Sprachbildungsmaßnahmen eine besondere Rolle einnimmt. Durch die Ausrichtung der schwedischen Migrationspolitik auf die Grundsätze Gleichheit, Freiheit und Kooperation (Zusammenarbeit) gelten gleiche Rechte und Pflichten für zugewanderte Menschen als auch für die autochthone Bevölkerung. Es ist also nicht verwunderlich, dass bei bildungspolitischen Maßnahmen, darunter zählen auch die Sprachbildung und Sprachförderung, Schweden seither eine besondere Rolle einnimmt.[321]

Durch die bereits früh verfolgte Ausrichtung der Einwanderungspolitik im Sinne einer Integrationspolitik, haben sich auf schulischer Ebene für die Förderung und Bildung von Kindern mit Migrationshintergrund klare Schlussfolgerungen ergeben, die sich vor allem in dem gesetzlich verankerten Recht auf herkunftssprachliche Förderung zeigen. Hier besteht auch der größte Unterschied zum deutschen Bildungssystem, welches die herkunftssprachliche Förderung nicht gesetzlich, einheitlich geregelt hat und somit nur in einigen Bundesländern unter Einschränkungen zu finden ist.

---

[319] vgl. Dazu die qualitative Studie von Löser (2009), die durch Interviews an drei *grundskolor* deckungsgleiche Ergebnisse hervorgebracht hat.

[320] basierend auf den Ergebnissen der beiden Interviews

[321] vgl. De Cillia, R. (1998: 261)

Im Bereich des Angebots und der Ausgestaltung des herkunftssprachlichen Unterrichts, im Sinne eines ressourcenorientierten Umgangs, kann Schweden somit letztlich als europweites Vorbild dienen. Durch deutliche und strukturierte Förderprogramme für die Zweitsprache bei gleichzeitiger Berücksichtigung der Herkunftssprache, wird das schwedische System eier multilingualen Förderung gerecht und scheint (unterstützt durch die Einheitsschule) auf eine erfolgsversprechnde Förderung von Kindern und Heranwachsenden mit nur wenig Kenntnissen in der Schulsprache gut vorbereitet zu sein.

Die Lage für das Bundesland NRW zeichnet sich im Bundesvergleich ziemlich gut ab. Durch den im Jahr 2011 veröffentlichten Erlass des Schulministeriums zum „herkunftssprachlichem/muttersprachlichen Unterricht“[322] zeigt sich erneut ein Schritt in die richtige Richtung, welcher jedoch durch einige Reglementierungen in Frage gestellt werden muss. Vor allem in der Gesamtbetrachtung bedarf es in Deutschland noch an einiger Arbeit, damit ein breiteres, vielfältigeres Angebot an Herkunftssprachenunterricht ermöglicht werden kann. Neben gesetzlichen Auflagen sowie bürokratischen Bedingungen, bedarf es jedoch vor allem einem bildungspolitischen Ruck, der auch auf finanzieller Basis die Einrichtung eines breit gefächerten Angebots an herkunftssprachlichem Unterricht bei gleichzeitiger Förderung der Zweitsprache Deutsch ermöglicht. Inwieweit veraltete Unterrichtsstrukturen (Versuch zu homogeneren Lerngruppen) im früh segregierenden Schulsystem dabei förderlich sind, ist ebenfalls fraglich. Die anhand der beiden Interviews hervorgebrachten Daten deuten dabei an, dass sich auch Schweden noch nicht am Ende seines bildungspolitischen Prozesses befindet und mit schulstrukturellen Schwierigkeiten zu kämpfen hat. In der Tat ist Sprachenvielfalt und zweisprachigkeit jedoch ein weltweites, an Bedeutung gewinnendes Phänomen, weshalb nicht nur Schweden entsprechende Maßnahmen ergreifen muss. Sinnvoll wäre, wie auch schon gefordert, die Entwicklung einer integrativen Sprachdidaktik, welche Konzepte zur inneren Differenzierung entwickelt, so dass Erst- und ZweitsprachenlernerInnen innerhalb einer Klasse unterrichtet werden können.[323] Auch wenn Deutschland aufgrund verschiedener bildungspolitischer Entschlüsse die schwedischen Umsetzungen nicht imitieren kann, kann Schweden dennoch

---

[322] http://www.bezreg-arnsberg.nrw.de/themen/h/herkunftssprachlicher_unterricht/index.php

[323] vgl. De Cillia, R. (1998: 277) oder aber auch Haller, I. (1985)

Anregungen und als Vorbild für weitere Umstrukturierungsprozesse oder Impulse innerhalb der Integrationspolitik sowie in der Förderung der Zeitsprache als auch der Herkunftssprache dienen.

Grafik 1

Einwanderung nach und Auswanderung aus Schweden 1851-2003[1]

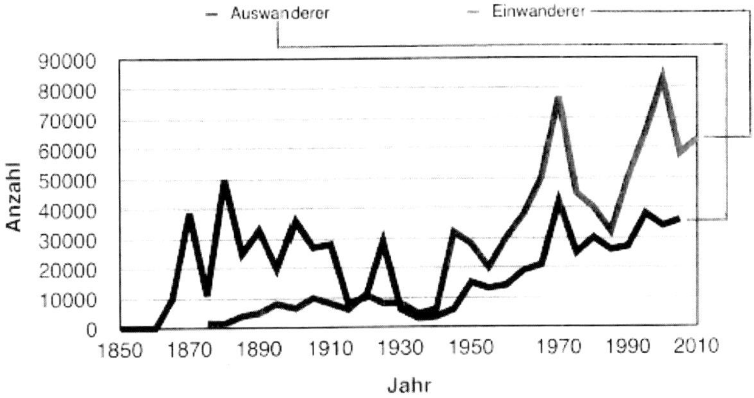

Grafik 2

Schwedens Bevölkerung 2003 nach eigenem und nach Herkunftsland der Eltern (in Prozent)[2]:

- beide Eltern in Schweden geboren
- beide Eltern im Ausland geboren
  ein Elternteil in Schweden geboren
- im Ausland geboren

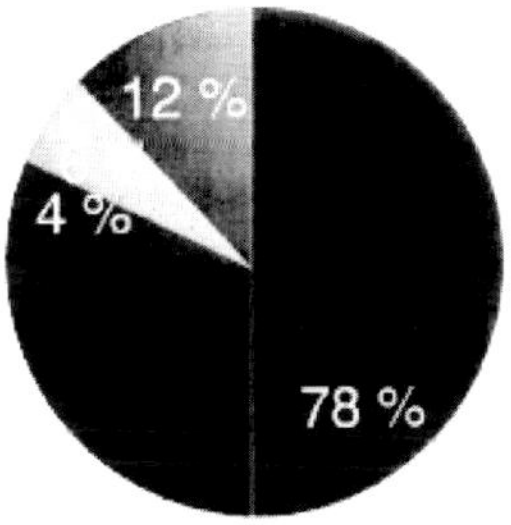

Grafik 3

Zuwanderung 2008 nach Aufnahmegründen

Quelle: Migrationsverket

Anmerkungen: kurzfristige Aufenthalte (wie bspw. vorübergehende Aufenthalte bei Asylbewerbern oder Saisonarbeitern sind nicht erfasst)

- Familienzusammenführung & - nachzug
- sonstige Gründe (zurückkehrende Schweden etc.)
- Studium
- Flüchtlinge und Schutzbedürftige
  Arbeit

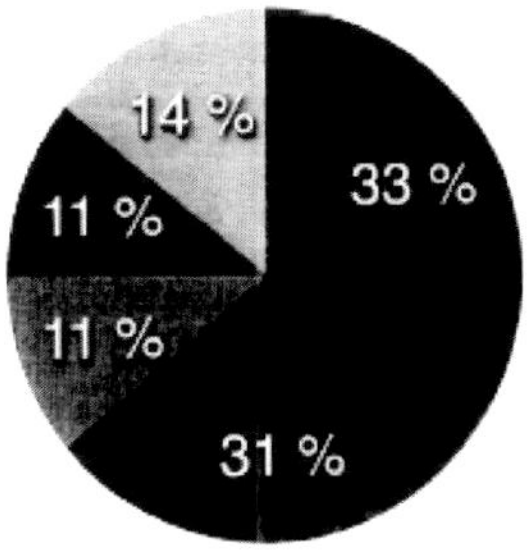

[1] zusammengefasste eigene Darstellung nach Nilsson, Å (2004: 6)

[2] zusammengefasste, eigene Darstellung nach Nilsson, Å (2004: 10f.)

Tabelle 1

Hauptgruppe von im Ausland geborenen Personen und Ausländern in Schweden im Jahr 2000[3]

Geburtsland	Personen
1. Finnland	197 000
2. Ehemaliges Jugoslawien	128 700
3. Iran	50 500
4. Irak	43 100
5. Norwegen	41 800
6. Polen	39 000
7. Dänemark	37 900
8. Deutschland	37 400
9. Türkei	31 400
10. Chile	26 600

Tabelle 2

Zuwanderung 2008 nach Herkunftsländern

Schweden (Rückkehrer)	**17.853**
Irak	**12.103**
Nordische Nachbarländer (Dänemark, Norwegen, Finnland)	**9.251**
Polen	**6.970**
Somalia	**4.064**
Deutschland	**3.405**
Thailand	**3.060**
China	**2.677**
Rumänien	**2.544**
Serbien	**1.791**
Sonstige	**37.453**
Insgesamt	**101.171**

Quelle: Statistika Centralbyrån.

---

[3] Eurostat (2004: 7)

Tabelle 3

Anzahl der Ausländer in Deutschland nach Herkunftsland im Jahr 2009 [4]

Herkunftsland	Anzahl der Ausländer
1. Türkei	1 658 083
2. Italien	517 474
3. Polen	398 513
4. Griechenland	278 063
5. Kroatien	221 222
6. Russische Föd.	189 326
7. Österreich	174 548
8. Bos. Herzegowina	154 565
9. Niederlande	134 850
10. Ukraine	125 617

[4] vgl. http://de.statista.com/statistik/daten/studie/1221/umfrage/anzahl-der-auslaender-in-deutschland-nach-herkunftsland/ - Quelle: Statistisches Bundesamt über Statista 2011 aufgerufen

Schulmodellübersicht 1[5]

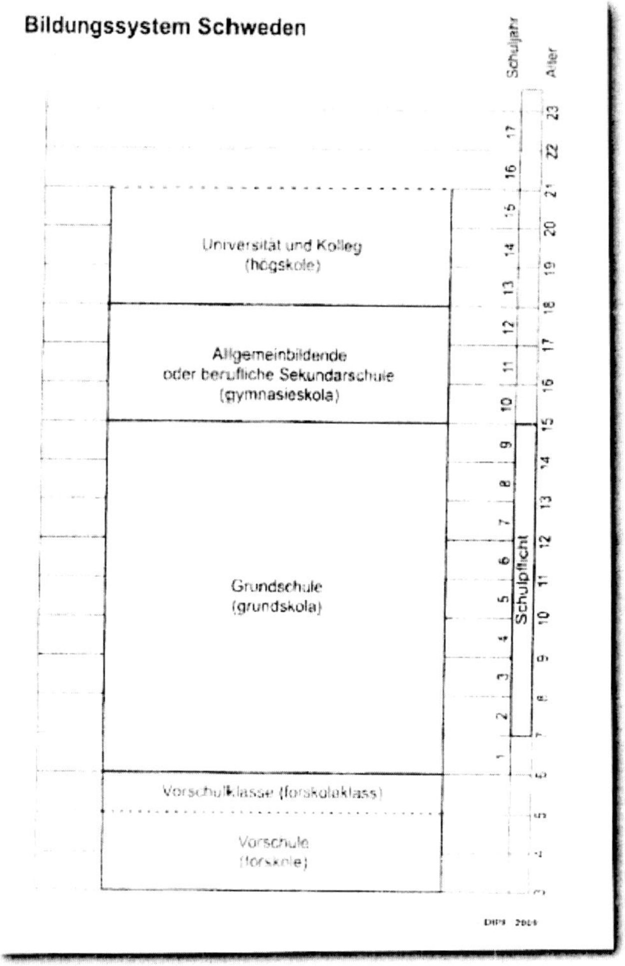

[5] Werler, T./Claesson, S. (2010): Schweden

Schulmodellübersicht 2[6]

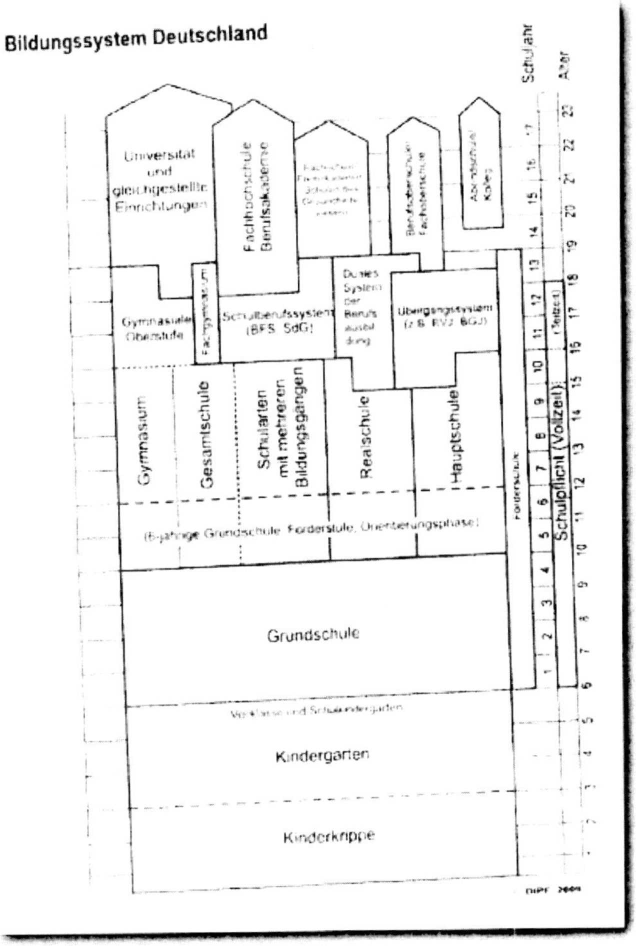

[6] Döbert, Hans (2010): Deutschland

Taped Trancript #1 of Kevin Niehaus

May 08, 2012

I - (Interviewer) Kevin Niehaus

S1 - (Student 1) anonym

I: Hello S1. At first i want to thank you for your time and that you are willed to do this interview with me. As i told you - it is for my examination thesis in which i am comparing the educational facilitation of language profiency in the context of second language acquisition in Germany and Sweden. I also told you about the topic of this short interview - meaning that i am going to ask you some questions on the facts or results i found out. Is it correct?

S1: Yes. That's right.

I: Okay. So first of all - i would like to know which subjects you are studying and in what period of your studies you are actually.

S1: I'm studying English and Music and i am now in the fith term here in Stockholm.

I: Okay and you already had some practice periods in school so far?

S1: Yeah that's right. As a student you are supposed to do also internships in your subjects in school. I did them both times at a grundskola.

I: So you got at least some impressions on how school life is or how the classes are organized?

S1: Well, i mean. I know how it is in the classes of my subjects. I don't know about specifications of other classes. I think it depends on the specific subject you wanna teach later. But in general. Mhh. I would say that i got an impression of how it works. At least in these two schools in which i have been.

I: Alright. I see, so if i would ask you without any introduction to the results of my thesis - what do you think or have heard about the aim that pupils should be active bilingual after they have finished school?

S1: In what context? I mean bilingual, bilingual is ambiguous in its meaning.

I: I don‘t mean it in the way that you are learning foreign languages in school. The way i want to talk about it is more on the topic of migration. For example a child with another language of origin coming to Sweden.

S1: Ahhh yeah. Okay. So yes. I‘ve been also brought up bilingual as my father is coming from Poland and my mother is swedish.

I: Well, that sounds interesting ,cause you also experienced it on your own?!

S1: Yeah. Kind of. I mean i can use both languages so i would consider myself as bilingual.

I: I see. Okay, so if i‘m going to be more concrete now. You said you‘re also brought up bilingual. Have you attended back in the time you went to school i mean to any special language classes which provided that you learn or get more support on in talking polish?

S1: Well. Actually i was not attending to these classes, because my parents used to speak both languages with me since my birth. And my father was really focused that he just talking polish to me. I learned swedish through my mother and my environment. There was no need for me to ask for attending in a hemspråk-class or get extra lessons.

I: So you‘ve been dealing with two languages since your childhood. Have you moved here? Or are you born in Sweden?

S1: Yeah i was born in Sweden. My father if from Poland but he‘s al so a swedish citizen as my mother.

I: Mhhh. Okay so if you didn‘t apply for special language classes what can you tell me in general about these classes?

S1: Hemspråk-classes are designed for children who are either not born in Sweden or who are born in Sweden but have parents with migration background. So to say. Like if they are coming at the age of three or four or even older for example. Or if one of their parents is also speacking another language. Then they can attend to hemspråk-classes as well.

I: And what is special about these hemspråk-classes? What is it aiming for?

S1: To learn your language of origin and to get to know your culture of origin, ‚cause you are using both languages.

I: I see that you know a lot about these classes. I read that the schools are pretty free to decide what kind of design they want to run such a class. Are there any restrictions?

S1: Oh yeah. I mean it's not that easy to get lessons in a extra hemspråk-class. In most cases these classes are just established for a mejority of migrants with the same language of origin.

I: So does it mean that i can't attend to hemspråk-class if my language of origin is not one of the majorities?

S1: Well you've got the right to get support in you mothertongue. But to establish a class for it you need a certain amount of pupils with the same language. I can't tell you how much in detail though but these classes are mostly established for popular migrant languages ‚cause a lot of other pupils with other languages are not really interested in getting these classes.

I: How come? I mean you've got the right to get support in your mothertongue.

S1: Yeah sure you do but you don't have to. There's no law that is forcing you to attend. I just know this from a childhood friend but he for example, heh ad some kind of private lessons with his brother and his two sisters. Some kind of private organized language lessons.

I: You mean that it was outsourced? Something like a private institut which is offering language-courses?

S1: Not an institut. More like a private person or something like that. I don't really know i have to say.

I: Mhh. Okay. If we come back to the aim of being „Active bilingual". Do you think that pupils are able to reach it through the design of the class-system? Or before we come to this question. Do you know how the hemspråk-class is designed?

S1: I read about hemspråk in my studies. And nowadays as i

experienced in my internships it‘s more like additional classes for pupils with same background and language. But hey - i have to say that this is just what i got. I can‘t tell you how it is in general, because schools schools can decide by themselves how they want to design a lot of stuff and in my internships i focused on my english classes and not really on hemspråk.

I: Yeah yeah. I know that. And i know that this is based on experience. I‘m mentioning it in my thesis that all the datas are reported datas and subjective. So no worries.

S1: Haha okay okay, just want to say that again. So yeah i just graspe that it was more like additional class if you attend to it. So maybe that‘s also the reason why kids don‘t want to attend sometimes. It‘s often placed after the regular lessons when you could also attend to other stuff in school. ‚fritid‘ it‘s called. And due to the fact that no one is forcing you to attend.

I: If i may resume it shortly for you. The old hemspråk assignment said that there are two designs that a school can bring up. On the one hand the hemspråkklass in which you just fnd pupils with the same language of origin. They are thaught in their language of origin, are learning swedish as a second language besides so that swedish is someday turning into the language they are using in classes. The other design is called „sammansatt klass“. There it is supposed to be mixed like half of the class pupils with one language of origin and the other half monolingual swedish pupils. What do you think about these designs?

S1: Well, the first one you mentioned, the hemspråkklass, sounds not lika a likeable solution for me and actually i have never heard about it before in the wy you mentioned it. But besides from that i mean i can see the advantages. It‘s easier to teach a second language if your clientel is just a group of pupils with one language. I also know this from the didactics of my english studies. If there are problems popping up during the process of learning it‘s easier for you to explain it, because maybe the other pupils are struggeling with the same problems, because of the same language background. But i don‘t like the idea that these pupils are not talking their language of origin. It's totally separating and wouldn't vote for it. It only shows that they are different and that could cause other problems. I mean why do we have the „enhetsskola"?

I: That's a really good point. So you would say that the other design is preferable?

S1: Definitely! It sounds way more integrating and that's what these pupils need in my opinion. It's better to learn a language when you are sorrounded by it than to learn it separately not mentioning the effect of segregation on friendships and the social contact to other pupils. And also in the „sammansatta klass" are the kids learning their mother language and cultural background. Sure there could be a disadvantage that you could say that there is too less room for the improvement in their mother tongue and their cultural knowledge. But i mean they are living in Sweden actually and it's also important to get to know the swedish language. I think that the „sammansatta klass" is a nice but i can imagine that this is even harder to establish such a class than the additional hemspråk class is was talking about. It's again te same fact. You can just establish this typ of class if you have enough children with the same mother tongue. Especially if you are teaching in a suburb with a lot of migration and less swedish native speakers.

I: Okay. So if i want to sum it up. Both class systems have their advantages and disadvantages. If it's so hard to organize a class in the ways we mentioned ut then what's the most common way in schools?

S1: As i said. I haven't experienced the class systems we talked about. I just know that if there are enough pupils with the same language they have hemspråkklass for two hours a week.

I: What do you think about if i may come back to the first question i asked you. What do you think about pupils being „active bilingual" after school - if they attended to hemspråk classes?

Do you think it's possible that they know their language of origin in the same way they know swedish so that they have the same competencies?

S1: I think there are the same problem i have to deal with if i am going to teach english. It always depends on the motivation and the class and the pupils.

I: If you consider the things we talked about. Based on the class-concept.

S1: Oi. That‘s a tough question, because i never experienced it. I‘m not finished and working as a teacher and especially for hemspråk it would be more interesting if you could get a teacher who is actually teaching it but in my opinion if i am thinking about it now with you here it‘s tough to reach this aim.

I: What comes up to you right now? Any specific things in mind?

S1: Well what i told you before. I know of one school where i did my internship that they had hemspråk just for certain majorities of migrant languages. That‘s the first thing i would consider. Another thing is that the class has been just two hours a week. I mean if i think about the aim of the hemspråksreform that every pupil should be able to use his language of origin also on a hgh level then i don‘t know if two hours each week are enough to reach it. It‘s also not that attractive in my opinion if you have these lessons after the regular classes and not in between other classes. And actually i don‘t know. I can talk polish as well maybe not on an academic level but do i really need it?! It‘s always about what you want to do after school. And all the friends i have who actually have a migration background are not aiming to move back into their homecountry. Most of them are born here and want to stay here for sure. But if you want to approach an academic or more advanced level then i don#t know if two hours are enough.

I: So you would say that hemspråk should be taught more regulary? And that it should be more integrated and not like an additional thing after regular classes?

S1: If your aim is that high i think so. I mean the kids are only using their mother language at home with their parents or relatives or maybe in their freetime if they have friends with the same background. Other from that there is no chance to mae use of this language anf to get on an academic level in this language are two hours maybe not enough. If you consider that you are having more english classes each week. That illustrates it quite nice i think. But for everyday conversation are their language skills today alright i guess if the parents are also using the language at home like my father did.

I: And what are you thinking about that it should be more integrated into every-day school life to be not seen as additional classes?

S1: Mhh. I don‘t know. I mean it could cause problems, because if they have their extra-hemspråk-lesson in the morning then they can‘t attend to other courses and vice versa.

I: Another question, sorry if it seems a little bit out of track. What about the hemspråk-teacher? I read that their prestige is not that high while interacting with their colleagues?

S1: This really depends on the school i have to say. I remember one hemspråk teacher. She was working at 4 different schools part time to do the hemspråk classes and it seems to be kind of hard to organize it timewise with all the different schools. And due to the fact that she was just there once a week the other teacher weren‘t really in touch with her. Ut she seemed fine, i mean it‘s clear that you are more in touch with people you see on a daily base but the school-headmaster of the school i‘ve been to as really interested in offering a lot of hemspråk classes as i remember, because their was also a teacher for kurdish for example. It‘s also important to see that point. Schools in Sweden are kind of free in the way they want to organize things, if i compare it with my experience in Britain. I also did an internship there for two weeks. So everything depends on the council and the headmaster. If they are interested in it then it works. If not then it‘s more hard i would say. I could imagine that it is the same in Germany or elsewhere that‘s the reson why i really appreciated to do my second internship in a suburb with a lot of migrants. The personal there was very open minded and dedicated somehow. But i can't draw staright lines. It's just my impression.

I: I see. So the personal in school is one big factor if hemspråk is working out or not in you opinion?

S1: I would say so. It's a lot about the image of hemspråk-classes. If the school is providing it as something great and shows up a lot of esteem then it's way easier i guess also for the acceptance in general.

I: Okay. I've got one last question which came up to me when you talked about the colleagues. What do you think of teacher who are teaching their own hemspråk? I read that they don't need to be „behörig" if they want to teach? Is it correct? And if so, what do you think about the quality of the classes then?

S1: Yes, That's true. You don't need an official permission to teach hemspråk classes. The reason is very simple. Sweden is a really multicultral country. That means that you find lots of different languages but not all languages are spoken by a big community. So it's pretty tough to find a teacher who is officially permitted to teach this language. Well and that is the reason why schools are also employing people without an offical degree that shows that they have studied. But it's coming more and more that they just want teacher with permission. In the last years there have been just too many teachers in general from what i heard so they are just picking the ones with a degree.

I: What do you think about the quality of the lessons then?

S1: I mean it's really nice to have someone as a teacher who is actually teaching her or his own mother tongue. It's always an advantage. Also the shared cultural background is a big advantage in my opinion. About the quality, well if i consider what we are going through in my studies for becoming a foreign language teacher then i can imagine that there is a lack of knowledge somehow. I don't mean it in a rude way but i could imagine that they are not enough prepared to deal with any issue professionally. And if you consider what we have mentioned before then it's a pretty tough job in general for them if they have to teach at four different schools with just two hours a week to build up a high language profiency.

I: One last question. If you‘re saying that the education of hemspråk teacher is not as it should supposed to be and that it‘s hard to build up a class that some pupils are not interested in. Wouldn‘t it be better to focus just on the improvement of the swedish language then?

S1: No i don‘t think so. Of course it‘s important and neccesary for them to learn the swedish language otherwise they are facing a difficult future. So this can‘t be questioned. There are also improvements in supporting them learning swedish in school but if you would just focus on it wthout offering the option to get support in your mother tongue that would be aweful even though there is always some kind of discussion about reducing the hemspråk-support. The mother tongue is something basic, something that gives the feeling of being safe, especially if you are moving from your home country. If i think about how i would feel if someone is not taking care of my background or not respecting my language, i would be really irritated. So yeah. Well no i don‘t think that this would be the right way.

I: Mhh. Well, if you don‘t feel the need to add something i would like to thank you very much for time helping me and giving me an impression and well yeah thank you in general. Wish you all the best for your further studies and your future job as a teacher.

S1: You‘re welcome. I‘m very happy that i could maybe helped you somehow with your research. Lycka till!

Taped Trancript #2 of Kevin Niehaus

May 08, 2012

I - (Interviewer) Kevin Niehaus

S2 - (Student 2) anonym

I: Hello. At first i want to thank you as well for your time and that you are willed to do this interview with me. As i also told S1 before this interview is for my ecamination thesis in which i am comparing the educational facilitation of language profiency in the context of second language acquisition in Germany and Sweden. I also told you about the topic of this short interview meaning that i am going to ask you some questions on the facts or results i found out. Is it correct?

S2: Yes. Correct.

I: First of all i am interested in the subjects you‘re studying.

S2: My subjects are Swedish and Methematics.

I: And in what period of your studies are you actually?

S2: I‘m in the 6th term.

I: And you also had practical periods in school so far?

S2: Yes, that‘s right. In three different schools.

I: Grundskola or gymnasieskola?

S2: Gymnasieskola.

I: Alright. First of all i am interested about your opinion towards the phrase „active bilingualism“ in the context of second language acquisition? Just tell me what comes up to your mind.

S2: Well, active bilingualism in general is the ability to handle or deal with two different languages, not necessarily equally but to know how to communicate in two languages in the context you mentioned. Pff. I fell like in an university exam (haha).

I: Oi (haha). I don‘t want you to set yourself under pressure. I just want to hear your opinion about some facts or contexts. So let me get more concrete then. What do you think about the schools aim to support pupils in their way to be active bilingual?

S2: Well. I think about supporting and helping especially pupils who are grown up with more than one language or who are speacking more than one language. For example children with migration background who have another native language.

I: Mh. Okay, in what way are you supporting these pupils?

S2: Well there are different things you can do to support them. First of all every pupil gets individual help in school. The profession of a teacher is to be seen more like a supporter than an instructor all the time and that you are giving them tasks and material which is suiting their knowledge.

I: (unterbricht) And if we are now focusing on a language level? What could you do to support them there? Are there any programms or guidelines?

S2: Well it depends on the single child. For example if there is a child migrating to Sweden at the age of nine or something like that and this child has no clue about the swedish language. Then this child would go into a class which is without any swedish-knowledge. After that they are taught in the regular swedish class, if their language competence is more advanced.

I: Mhh. And what if the pupils aren‘t ready yet to move into regular classes?

S2: Then they are having their lessons in some kind of special swedish class. You could call it „svenska-som-andra-språk klass“ eller, vänta, ehm „svenska-som-främmanda-språk“. It depends on how much they already learned.

I: Swedish as a second language class then?!

S2: Yeah exactly. But i have to say i just know this from Stockholm and my studies. I used to live in Hudiksvall, kind of a larger city up in the north of Sweden. Mhh, about 2 1/2 hours up north from Stockholm. And i can‘t remember that we had something like this.

I: How come? I mean, you also find it mentioned in the „läroplan“, don‘t you?

S2: I can‘t tell you exactly why. I have to be honest that i never thought about it before in this way. (überlegt) I can just tell you how it was during my schooltime. I also lived in Hudiksvall during my childhood. And we haven‘t had these kind of special classes. (überlegt) I remember a danish and a thai kid from my old class during my time in grundskola. They just moved to Hudiksvall from their homecountries with their parents and they haven‘t had this special kin of swedish lessons. They were just put in our regular class and i remember that they learned very fast. I wasn‘t really friends or hanging out with them but i know that they just got the support in our class. But i don‘t want to say that they haven‘t had like personal extra help or something like that. I can‘t really tell, because i don‘t know.

I: Mhh. That‘s very interesting. (überlegt) Okay, let‘s see from your actual point of view. What do you know about these classes?

S2: I know that this extra class „svenska-som-andra-språk“ is like a melting pot. Kids from the introduction classes are taking part there if their langiage skills aren‘t good enough but also other pupils can attend if their language skills aren‘t good enough.

I: What do you mean with „other pupils“?

S2: Pupils who are born here for example with migration background of their parents. If they have problems talking proper swedish, because their environment is not like, how to say. Not good enough to let them get a good swedish language then they can also join this class.

I: Åh.. I see. How is the class designed?

S2: You want to support these pupils in their language learning process. It can be seen as kind of additional classes. It depends. Sometimes the classes are parallel to the regular swedish classes but i also experienced that these classes are additional after the regular classes of a school day in general. But at gymnasieskolan where i have done an internship, there was a own subject for it. So like a regular course for it. But all in all the aim is that these classes, especially during grundskola are more seen temporarly. It‘s nood good to exclude pupils and in my opinion it‘s a good way to go. If they are young they get extra help to join the regular classes or to get along there better and if they are coming here and are older they also have the chance to go to gymnasieskola and attend to the special swedish course which is more focused on the special needs of these pupils.

I: Do the pupils have a choice? Like can they decide on their own wheater they want to take part at the regular lessons or not? Or is the teacher deciding which class to join?

S2: The teacher is deciding. I mean it doesn‘t make sense if the pupils can‘t follow anything. The „svenska som andra språk“ class is supposed to support and help them to get through the same content but on their level with special kind of support yeah some sort of that.

I: What about other pupils? Like the ones who are born in Sweden but have also difficulties in using the swedish language?

S2: As i said. IF you realize that they are struggling because of language difficulties then they are also attending to svenska-som-andra-språk-class.

I: Are there then several classes on different niveaus? Or how are the classes designed?

S2: Well. That is sometimes difficult, because you have pupils there with different kind of skills. The ones from the introduction course and other ones who are living in Sweden for a longer time even born here but have special needs individual needs in their own use of language. That‘s the reason why these classes are pretty small. Something around 5 pupils are having classes together.

I: I see. I have to say that i don‘t really remember if we talked about it before and then drifted away from it. But i‘m going to ask it again. Do you think that the pupils are active bilingual when they have finished school? Like using the swedish language and their language of origin. What did you experience so far?

S2: I have to say that their language skills are refering on speaking to friends or every-day-life communication is as similar as it could be to mothertongue kids. I also have friends with migration background. One good friend of mine is living in Malmö now because she‘s studying there. She used to visit a school in Stockholm and has a persian background. (lacht) She is able to speak fluent swedish, danish and persian and of course english, because we learn it at school. And i know that she had persian-classes in school.

I: Wow. That‘s impressive. So you mean she had persian class refering to hemspråk-support?

S2: Yeah exactly. But sometimes i noticed when there are pupils coming back into regular classes that they are struggling on how to express themselves when they have a task which needs to be done with more „formellt språk“ (guckt mich fragend an).

I: Ohh yeah. I got what you mean. So problems are sometimes coming up when they have to use more technical or advanced level language?

S2: Yeah, precis. When they have to express something more detailed which is not every-day-conversation. I recognzed this in gymnasieskola especially because the tasks are also more advanced there.

I: And what are you doing then to support them?

S2: Then we train them on how to deal with more „formellt material“.

I: I see. If you think about your studies. Are you also being educated in svenska som andra språk?

S2: Yes, we have moduls we can choose from for „svenska som andra och främmande språk“ in which we get the possibility to learn special things we have to consider as a teacher for „svenska som andra språk“. And for the older ones who are like working as a teacher for many years already they have special kind of trainings in which they are learning the special facts about second language learning.

I. So that means that the regular swedish teachers are also holding the swedish as a second language lessons?

S2: Well, i heard from the teachers i worked with that it used to be also the way that every teacher had to go into swedish as a second language class, because there weren‘t enough teacher for this subject. But of course the schools are trying to make up with this and prefer to send at least general swedish teacher in this classes who have the skills or the education to deal with it in the right way. Everything else would be worthless.

I: One last question for you. We have talked a lot about the support of kids with migration background and their swedish language acquirement so that we haven‘t talked about the relevance of „hemspråk“ in general. Do you think it is better to focus on the second language acquisition than putting much effort in supporting the pupils „hemspråk“? You could see it from the point of view that the swedish language is more important for a successful life in Sweden. What‘s your opinion about that?

S2: Just because we haven‘t talked about it doesn‘t mean that it‘s not important. I‘m not of the opinion that you should just focus on the swedish language when you are dealing with their language learning process. It‘s important to have in mind their native language and that it‘s maybe hard because of their language background for them to learn swedish because there are differences between the languages. Only because of this fact you can see that there is no way to blame the native language of these children. And of course is it also not good to blame their culture which could get the impression that you don‘t appreciate their home country which could cause more problems then, because that is what your personality consists of in my opinion. Especially when you are dealing with younger children it could be dangerous to ignore their native language. Yeah i think that it would be the wrong way to just focus on the new language also reffering to the school classes. A combination of hemspråk and swedish additional class sounds more to be the right wa to go. Also in future.

I: Thanks for this long statement. Well, i have asked everything i was interested in so far. If you have any questions or things you want to add?!

S2: Mhh. Nope. Thanks.

I: Then i want to thank you very much for taking time to do this interview with me and i wish you all the best for your upcoming way.

S2: Tack, tack. Same to you!

Quellenverzeichnis

Literatur

Anweiler, O. (1996): Deutschland. In: Anweiler, Boos-Nünning u.a. (Hrsg.): Bildungssysteme in Europa. Beltz Verlag, Weinheim/Basel

Auernheimer, G. (2003): Einführung in die Interkulturelle Pädagogik. 3., neu bearbeitete und erweiterte Auflage. Wissenschaftliche Buchgesellschaft, Darmstadt

Auernheimer, H. (2003): Schieflagen im Bildungssystem: Die Benachteiligung der Migrantenkinder. VS Verlag, Wiesbaden

Bade, K.-J. (2001): Ausländer- und Asylpolitik in der BRD: Grundprobleme und Entwicklungslinien. Internetquelle.
URL: http://library.fes.de/fulltext/asfo/01011002.htm (04.12.2011)

Bade, K.-J. (2002): Europa in Bewegung. Migration vom späten 18. Jahrhundert bis zur Gegenwart. Beck Verlag, München

Bainski, C./Krüger-Potratz, M. (2008): handbuch Sprachförderung. Neue Deutsche Schule Verlag, Essen

Baur/Chlosta et al. (2004): Was sprecht ihr vornehmlich zu Hause? In: Essener Unikate 24/2004

Beauftragte der Bundesregierung für Ausländerfragen (2001): Mehrsprachigkeit an deutschen Schulen. Ein Länderüberblick. Broschüre Nr. 10

Beauftragte der Bundesregierung für Ausländerfragen (2001): Mehrsprachigkeit an deutschen Schulen. Ein Länderüberblick. Schweden.

Belke, G. (1985): Zweisprachige Erziehung in Schweden: Die gesetzlichen und organisatorischen Vorgaben der „hemspråksreform", in: BAGIV (Hrsg.): Muttersprachlicher Unterricht in der Bundesrepublik Deutschland. Sprach- und bildungspolitische Argumente für eine zweisprachige Erziehung von Kindern sprachlicher Minderheiten. Ebv Rissen, Hamburg

Bierbaum, C. (1975): Die schwedische Schuldemokratie. Ein Modell für die Schulreform in der Bundesrepublik? Materialien aus der Bildungsforschung. Max-Planck-Instiut für Bildungsforschung, Berlin

Bundesministerium für Bildung und Forschung (2003): Vertiefender Vergleich der Schulsysteme ausgewählter PISA-Staaten, Bonn

Currle, E./Neske, M. (2004): Schweden. In: Currle, E. (Hrsg.): Migration in Europa. Daten und Hintergründe. Forum Migration 8. Lucius & Lucius Verlag, Stuttgart

Currle, E./Rühl, S. (2004): Deutschland. In: Currle, E. (Hrsg.): Migration in Europa. Daten und Hintergründe. Forum Migration 8. Lucius & Lucius Verlag, Stuttgart

De Cillia, Rudolf (1998): Mehrsprachigkeit und Herkunftssprachenunterricht in europäischen Schulen. Schweden. In: Cinar, Dilek (Hrsg.): Gleichwertige Sprachen? Muttersprachlicher Unterricht für die Kinder von Einwanderern. Studien Verlag, Inssbruck, Wien

De Cillia, Rudolf (1998): Mehrsprachigkeit und Herkunftssprachenunterricht in europäischen Schulen. Deutschland. In: Cinar, Dilek (Hrsg.): Gleichwertige Sprachen? Muttersprachlicher Unterricht für die Kinder von Einwanderern. Studien Verlag, Inssbruck, Wien

Dilger, A. (2000): Politik/Sozialkunde. Pocket Teacher. 1 Auflage. Cornelsen Verlag, Berlin

Döbert Hans (2010): Deutschland. In: Döbert/Hörner/Reuter et al. (Hrsg.): Die Bildungssysteme Europas. Schneider Verlag Hohengehren, Baltmannsweiler

Ekholm, Mats (2003): Bildung und Lernen in Schweden - Myndigheten för Skolutveckling. In: Bildungsland NRW (Hrsg.), Akademie Mont-Cenis, Herne Internetquelle. URL: www.ggg-nrw.de/Struktur/Ekholm.2003-10-10.Herne.pdf (25.12.2011)

Esser, Hartmut (2006): Sprache und Integration. Die sozialen Bedingungen und Folgen des Spracherwerbs von Migraten. Campus Verlag, Frankfurt/New York

Eurostat (2004): Bevölkerung und soziale Bedingungen. Statistik kurz gefasst. Internetquelle. URL: www.eds-destatis.de/de/downloads/sif/nk_04_03.pdf (06.12.2011)

Friedrich Ebert Stiftung (2008): Integration beginnt im Vorschulalter - von Schweden und Dänemark für zukünftige Konzepte lernen. In: Forum Politik und Gesellschaft, Berlin

GGG-NRW (2003): Information zum Bundeskongress. Informationen zum schwedischen Schulsystem. Internetquelle. URL: http://www.ggg-nrw.de(Europa/GGG-Schweden.pdf (11.12.2011)

Glumpler, E./Apeltauer, E. (1997): Ausländische Kinder lernen Deutsch - Lernvoraussetzungen, methodische Entscheidungen und Projekte. Cornelsen Scriptor Verlag, Berlin

Gogolin, Ingrid (2008): Förderung von Kindern und Jugendlichen mit Migrationshintergrund. In: Bundesministerium für Bildung und Forschung. Bund-Länder-Komission für Bildungsplanung und Forschungsförderung (BLK). Heft 107. Bonn

Günther, B./Günther, H. (2004): Erstsprache, zweitsprache, Fremdsprache - Eine Einführung. Beltz Verlag, Weinheim

Haller, Ingrid (1985): Zur Durchsetzung zweisprachiger Erziehung in der Bundes-Republik sind weitreichende Schulreformmaßnahmen notwendig. In: Bundesgemeinschaft der Immigrantenverbände in der Bundesrepublik Deutschland (Hrsg.): Muttersprachlicher Unterricht in der BRD. ebv Rissen, Mülheim/Ruhr

Hamers, J./Blanc, M. (1989): Bilinguality & Bilingualism. Cambridge University Press, Cambridge.

Huth, Manfred (1993): Die Schule muss mehrsprachig sein. In: pädextra. 12/1993

Jederlund, L. (2004): Einwanderung. Internetquelle. URL: http://www.sverige.de/lexi/lexi_einw.htm (04.12.2011)

Kielhöfer, B./Jonekeit, S. (1983): zweisprachige Kindererziehung. Stauffenberg, Tübingen

Klein, W. (1984): zweitspracherwerb. Eine Einführung. Athenäum Verlag, Königstein

Kurpjoweit, K. (1997): Die schwedische Schule im Auftrag der Gleichstellung. In: Kreienbaum, Maria Anna u.a. (Hrsg.): Bildungslandschaft Europa. Kleine Verlag, Bielefeld

Kurpjoweit, K. (2004): Das schwedische Schulsystem. Oldenburger VorDrucke 482 [Didaktisches Zentrum Oldenburg], Oldenburg

Luchtenberg, S. (1994): Bilinguale und Interkulturelle Erziehung in Schweden. In: Paula, A. (Hrsg.): Mehrsprachigkeit in Europa. Modelle für den Umgang mit Sprachen und Kulturen. Drava Verlag, Klagenfurt

Löser, J.-M. (2009): Schulischer Umgang mit kultureller und sprachlicher Heterogenität - Fallstudien im internationalen Vergleich. Dissertation. Leibniz Universität Hannover

Löser, J.-M. (2011): Herkunftssprachen in der Schule. Eine international vergleichende Perspektive. In: Fürstenau/Gomolla (Hrsg.): Migration und schulischer Wandel: Mehrsprachigkeit. VS Verlag, Wiesbaden

Mecheril, Paul (2004): Einführung in die Migrationspädagogik. Beltz Verlag, Weinheim und Basel

Merdian, Gerhild (1996): Migrantenkinder. Lebensperspektiven in der Fremde. Maro, Augsburg

Mesghena, M. (2006): Einwanderung nach Deutschland. Der lange Weg in die Realität-Heinrich-Böll-Stiftung: Migration-Integration-Diversity. Internetquelle.
URL: http://www.migration-boell.de/web/migration/46_254.asp (10.12.2011)

Möhler, J. (2008): Schule der Zukunft? Vision und Realität der schwedischen Skola 2000. Waxmann Verlag, Münster

Nationale Behörde für das Bildungswesen: Das schwedische Schulwesen. In: Landesinstitut für Schule und Weiterbildung NRW (Hrsg.): Schulentwicklung und Qualitätssicherung in Schweden

Nauwerck, P. (2005): zweisprachigkeit im Kindergarten - Konzepte und Bedingungen für das Gelingen. Fillibach, Freiburg im Breisgau

Nilsson, Å. (2004): Efterkrigstidens invandring och utvandring [Einwanderung und Auswanderung in der Nachkriegszeit]. 1. Auflage, Örebro

OECD (2010): PISA 2009 Ergebnisse: Zusammenfassung

Orring, Jonas (1967): Die Schule in Schweden. SÖ-förlaget/Skolöverstyrelsen, Sthlm

Popoola, M. (2002): Integration, en samtidsspegling [Integration, eine Spiegelung der Gegenwart]. 1. Auflage, Stockholm

Pupuni, Gunilla (2002): Die zweitsprachenförderung in Schweden. In: DaZ 2/2002

Ratzki, A. (2003): Skandinavische Bildungssysteme - Schule in Deutschland. Ein provokanter Vergleich. In: Auernheimer, Georg (Hrsg.): Schieflagen im Bildungssystem: Die Benachteiligung der Migrantenkinder. VS Verlag, Wiesbaden

Ratzki, A. (2003): Schweden. Individuell lernen in der gemeinsamen Schule. In: Die Gesamtschule. Geschichte, internationale Vergleich, pädagogische Konzepte und politische Perspektiven. Juventa Verlag, München

Reich, H. (1996): Hemspråksundervisning. Herkunftssprachenunterricht in Schweden. Waxmann Verlag, Münster/New York

Reiß-Held, S. (2004): Zur Rolle der Muttersprache im pädagogischen Alltag. Internetquelle. URL: http://treffpunkt-daz.de/uber_mich/spracherwerb_6.html (28.01.2012)

Ring, H. (1999): Einwanderung in den schwedischen Wohlfahrtsstaat. In: Bommes, M./Halfmann, J. (Hrsg.): Migration in nationalen Wohlfahrtsstaaten. 1. Auflage. Universitätsverlag Rasch, Osnabrück

Ring, H. (2001): Schweden. Veränderungen in der Migrations- und Integrationspolitik. In: Bade, K.-J. (Hrsg.): Einwanderungskontinent Europa: Migration und Integration am Beginn des 21. Jahrhunderts. Universitätsverlag Rasch, Osnabrück

Runblom, H. (1998): Schweden als multikulturelle Gesellschaft. Internetquelle. URL: http://homepage.univie.ac.at/gottfried.menschik/multkulti5.htm (04.12.2011)

Schäfer, H.-P. (1996): Schweden. In: Anweiler & Boos-Nünning u.a. (Hrsg.): Bildungssysteme in Europa. Beltz Verlag, Weinheim/Basel

Scholze-Stubenrecht/Drosdowski/Köster et al. (1982): Duden Fremdwörterbuch - Wörterbuch Band 5

Siebert-Ott, G. (20019: Zweisprachigkeit und Schulerfolg: Die Wirksamkeit von schulischen Modellen zur Förderung von Kindern aus zugewanderten Sprachminderheiten. In: Landesinstitut für Schule und Weiterbildung (Hrsg.): Curriculumentwicklung NRW. Ergebnisse der (Schul)forschung. Kettler Verlag, Bönen

Skolverket (1998): Läroplan för det obliskatoriska skolväsendet, förskoleklassen och fritidshemmet (Lpa94). Västra Aros, Västerås.

Skolverket (2003/04): Rapport 241. Barn, elever, personal och utbildningsresultat. Stockholm

Skolverket (Hrsg.): Das schwedische Schulwesen. Liber Distribution, Stockholm

Sofos, A.: Bildungspolitische Konzepte der Interkulturellen Erziehung. Der HSU in der BRD. Internetquelle.
URL: http://www.rhodes.aegen.gr/ptde/personel/skourtou/tetradiarhodoull/LSofots2.htm (20.04.2012)

Strothmann, C. (2005): Einblicke in die schwedische Schule. Oldenburger Vordrucke [Didaktisches Zentrum DIZ], Oldenburg

Svanberg, I./Tydén, M. (1992): Tusen år invandring. En svensk kulturhistoria [Tausend Jahre Einwanderung. Eine schwedische Kulturgeschichte]. 2. Auflage, Stockholm

Svenska Institut (2005): Kinderbetreuung in Schweden. Stockholm

Thürmann, Eike (1995): Herkunftssprachen der ausländischen Wohnbevölkerung. In: Bausch, K.-R. Et al. (Hrsg.): Handbuch Fremdsprachenunterricht. Francke, Tübingen.

Werler, T./Claesson, S. (2010): Schweden. In: Döbert & Hörner u.a. (Hrsg.): Die Bildungssysteme Europas. 3. Vollständig überarbeitete und erweiterte Auflage. Grundlagen der Schulpädagogik. Band 46. Schneider Verlag Hohengehren, Baltmannsweiler.

weiterführende Literatur

Andersson-Brolin, L. (1984): Etnisk boendesegregation. [Ethische Wohnsegregation]. Stockholm

Apeltauer, E. (1997): grundlagen des Erst- und Fremdsprachenerwerbs. Langenscheidt, Kassel/München/Tübingen

Apeltauer, E. (2005): Möglichkeiten zur Bestimmung von Sprachentwicklungstendenzen. In: Flensburger Papiere zur Mehrsprachigkeit und Kulturenvielfalt im Unterricht. Heft 38/39

Apeltauer, E. (2006): Sprachliche Frühflrderung von Kindern mit Migrationshintergrund. In: Flensburger Papiere zur Mehrsprachigkeit und Kulturenvielfalt im Unterricht. Heft 42/43

Apeltauer, E. (2007): Grundlagen vorschulischer Sprachförderung. In: Flensburger Papiere zur Mehrsprachigkeit und Kulturenvielfalt im Unterricht. Sonderheft 4.

Beauftragte der Bundesregierung für Ausländerfragen (2001): Mehrsprachigkeit an deutschen Schulen. Ein Länderüberblick. Nordrhein-Westfalen.

Berry, J. (1980): Acculturation as varieties of adaption. In: Padilla, A.: Acculturation: Theory and Models. DC: American Psychological Association, Washington

Fthenakis, W./Sonner, A. U.a. (Hrsg.) (1985): Bilingual-bikulturelle Entwicklung des Kindes. Ein Handbuch für Psychologen, Pädagogen und Linguisten. Max Hueber Verlag, München

Graf, P. (1987): Frühe Zweisprachigkeit und Schule. Empirische Grundlagen zur Erziehung von Minderheitenkindern. Max Hueber Verlag, München

Grosjean, F. (1982): Life with two languages. An introduction to bilingualism. Mass: Harvard University Press, Cambridge

Justitiedepartementet, SOU (2005/56): Det blågula glashuset. Strukturell Diskriminering i Sverige. [Das blaugelbe Glashaus. Strukturelle Diskriminierung in Schweden], Stockholm

Meisel, J. (2007): Mehrsprachigkeit in der frühen Kindheit: Zur Rolle des Alters bei Erwerbsbeginn. In: Anstatt, T. (Hrsg.): Mehrsprachigkeit bei Kindern und Erwachsenen. Attempto Verlag, Tübingen

Olsson, H. (1992): Etnisk segregation i Stockholm och Göteborg [Ethnische Segregation in Stockholm und Göteburg]. In: Segregation - ett svenskt dilemma? Socialpolitiska och sociologiska synpunkter [Segregation. Ein schwedisches Dilemma? Sozialpolitische und soziologische Gesichtspunkte], Stockholm

Skutnabb-Kangas, T. (1982): Gastarbeiter oder Immigrant - verschiedene Arten eine Unterschicht zu reproduzieren. In: Deutsch lernen: 7/1, S. 59-79

Tracy, R. (2007): Wie Kinder Sprachen lernen. Und wie wir sie dabei unterstützen können. Francke Verlag, Tübingen

Yletyinen, R. (1978): Probleme der Zweisprachigkeit bei Migrantenkindern. Schwedisch als bildungspolitisches Beispiel. Technische Universität Berlin.

Yletyinen, R. (1982): Sprachliche kulturelle Minderheiten in den USA, Schweden und der BRD. Ein minderheiten- und bildungspolitischer Vergleich. Haag+Herchen Verlag, Frankfurt

Internetquellen

http://www.migrationsverket.se/info/start.html (03.12.2011)

http://www.scb.se/Pages/PressArchive____259760.aspx?PressReleaseID=117039 (03.12.2011)

http://www.bildungsserver.de/Nordrhein-Westfalen-Sprachdiagnostik-und-Sprachfoerderung-im-Elementarbereich--2346.html (27.01.2012)

http://www.schulministerium.nrw.de/BP/Schulsystem/Schulformen/Grundschule/Sprachstand/Sprachstandsfeststellung_zwei_Jahre_vor_der_Einschulung/index.html (27.01.2012)

http://www.mfkjks.nrw.de/kinder-und-jugend/kinder-in-nrw/sprachfoerderung.html (27.01.2012)

http://www.nrw.de/presse/nordrhein-westfalen-staerkt-unterricht-in-den-herkunftssprachen-fuer-schuelerinnen-und-schueler-mit-zuwanderungsgeschichte-8419/ (20.04.2012)

http://www.bundesregierung.de/Content/DE/StatischeSeiten/Breg/IB/das-zuwanderungsrecht.html;jsessionid=A28C6DBA37042581AE52739E3A57173D.s1t1?nn=437032#doc125472bodyText2 (30.04.2012)

http://www.uni-due.de/prodaz/ (04.05.2012)

http://www.bezreg-arnsberg.nrw.de/themen/h/herkunftssprachlicher_unterricht/index.php (07.05.2012) http://focus-migration.hwwi.de/Schweden.6245.0.html (06.12.2011)

http://www.zuwanderung.de/ZUW/DE/Zuwanderung_hat_Geschichte/Statistik/Statistik_node.html (06.12.2011)

http://www.zuwanderung.de/ZUW/DE/Zuwanderung_hat_Geschichte/Spaetaussiedler/Spaetaussiedler_node.html (06.12.2011)

http://focus-migration.hwwi.de/typo3_upload/groups/3/focus_Migration_Publikationen/Laenderprofile/bilder/laenderprofile/lp-18-schweden/Abb1-gr.gif (06.12.2011)

http://www.migration-asyl.de/public1/aufr/home.nsf/0573e93765407cfcc1256aab006ed6e7/cd73e96deac327b5c1256ff7002862f3!OpenDocument (10.12.2011)

http://de.statista.com/statistik/daten/studie/1221/umfrage/anzahl-der-auslaender-in-deutschland-nach-herkunftsland/ (10.12.2011)

http://www.ufuq.de/newsblog/1080-bildungsbenachteiligung-von-kindern-mit-migrationshintergrund- (12.12.2011)

http://www.riksdagen.se/webbnav/index.aspx?nid=3911&bet=2010:800 über http://www.skolverket.se/lagar_och_regler/2.3351/2.2253 (17.12.2011)

http://www.escandinavo.com/download/lpo94swe.pdf (17.12.2011)

http://epubl.ltu.se/1402-1773/2004/088/LTU-CUPP-04088-SE.pd (19.12.2011)

http://www.bmbf.de/pub/pisa-vergleichsstudie.pdf (19.12.2011)

http://www.skolverket.se/forskola_och_skola (24.12.2011)

http://www.skolverket.se/2.3894/publicerat/2.5006?_xurl_=http%3A%2F%2Fwww4.skolverket.se%3A8080%2Fwtpub%2Fws%2Fskolbok%2Fwpubext%2Ftrycksak%2FResultSet%3Fw%3D%2BNATIVE%28%27sokord%2Bph%2Bis%2B%27%27L%25E4roplan%2Bf%25F6rskolan%27%27%27%29%26order%3Dnative%2528%2527ordernr%252FDescend%2527%2529%26upp%3D0%26r%3D0%26rpp%3D20 (24.12.2011)

http://www.pedagogstockholm.se/Reformer/Forskolans-nya-laroplan (24.12.2011)

http://www.schulministerium.nrw.de/BP/Sekundarschule/ (29.11.2011)

http://www.blickpunkt-ausbildung.de/index.php?option=com_content&task=view&id=115 (25.12.2011)

http://www.bildungsserver.de/innovationsportal/bildungplus.html?artid=360 (27.01.2012)